escute teu silêncio

Petria Chaves
escute teu silêncio

Como a arte da escuta
nos torna melhores
profissionais, pais mais
presentes e pessoas
mais interessantes

Copyright © Petria Chaves, 2023
Copyright © Editora Planeta do Brasil, 2023
Todos os direitos reservados.

Edição: Malu Poleti
Preparação: Renata Del Nero
Revisão: Ana Laura Valerio e Valquíria Matiolli
Projeto gráfico e diagramação: Camila Catto
Capa: Gabriela Pires e Guilherme Vieira/Estúdio Daó

Dados Internacionais de Catalogação na Publicação (CIP)
Angélica Ilacqua CRB-8/7057

Chaves, Petria
  Escute teu silêncio: como a arte de escutar nos torna melhores profissionais, pais mais presentes e pessoas mais interessantes / Petria Chaves. – São Paulo: Planeta do Brasil, 2023.
  272 p.

  ISBN 978-85-422-2133-6

  1. Desenvolvimento pessoal 2. Autoconhecimento 3. Escuta 4. Silêncio I. Título

23-0672   CDD 158.1

Índice para catálogo sistemático:
1. Desenvolvimento pessoal

Ao escolher este livro, você está apoiando o manejo responsável das florestas do mundo

2023
Todos os direitos desta edição reservados à
Editora Planeta do Brasil Ltda.
Rua Bela Cintra, 986, 4º- andar – Consolação
São Paulo – SP – 01415-002
www.planetadelivros.com.br
faleconosco@editoraplaneta.com.br

*Para Yael, Max e Ariel, que me ensinam
diariamente sobre a construção da poesia
no cotidiano, da pele para dentro.*

Sumário
-
-
-

Prefácio, por Elena Crescia 9
Introdução 13

Parte I – A escuta

1. Eles estão surdos – como nos tornamos tão barulhentos? 22
2. Criação do campo da escuta 43
3. Afinal, o que é a escuta? 58
4. Vivenciamos a doença da não escuta? 75

Parte II – O silêncio

5. Paisagem sonora 102
6. O silêncio como ferramenta para o budismo ... 126
7. Escutas ancestrais – judaísmo 150
8. Quem escuta o Carnaval? 172
9. A beleza do silêncio 186
10. O silêncio religioso 209
11. O paradoxo do silêncio 235
12. Manual de sobrevivência de uma jornalista em busca da escuta 250

Posfácio – Escutar é verbo auxiliar de amar, por André Trigueiro 265
Agradecimentos 267

Prefácio

.

.

.

Recebi o convite para escrever o prefácio deste livro e o aceitei com gratidão e culpa. Gratidão porque me senti honrada e feliz, e culpa porque sinto que ainda me falta muito para aprender sobre escuta e silêncio. Uma das lições mais difíceis é aprender a escutar. Ainda mais o próprio silêncio. Gosto da minha solitude e dos momentos de silêncio externo. A minha voz interna, porém, está ativa a cada instante. Preciso dos momentos de silêncio para conversar comigo.

Como curadora e organizadora de eventos TEDx SãoPaulo, minha missão é trabalhar por ideias que merecem ser compartilhadas. Estou sempre atenta, em busca de achar as pessoas certas e convidá-las para falar no evento, dividir a boa ideia que faz seus olhos brilharem, e depois buscar a melhor forma de ajudar cada palestrante. Nove anos atrás, convidei Petria para falar em um dos eventos. Acompanhei o trabalho sério, profissional, empático e humano que ela desenvolveu durante os últimos dez anos.

Agora, Petria traz um trabalho lindo de pesquisa e reflexão sobre a escuta e o silêncio. Amei a diversidade de pontos de vista que ela encontrou para falar sobre cada tema relacionado ao assunto. Estas páginas são fruto da generosidade da Petria. Ela teve conversas transformadoras com pessoas excepcionais e escolheu compartilhá-las conosco, dividindo as próprias dúvidas e reflexões, que servem como ponto de partida para as nossas.

Arrisco dizer que todos ainda estamos engatinhando na arte de escutar o silêncio. E ainda bem que a Petria chegou com este presente para nos guiar neste caminho de aprendizado, nos inspirar e nos motivar a continuar tentando. Num mundo barulhento, cheio de interrupções e motivos para escutar algo que foi criado para captar nossa atenção, dar uma chance para a convivência com o silêncio vale (muito) a pena.

Elena Crescia, curadora e organizadora
de eventos TEDxSãoPaulo

"A crise da democracia é, antes de mais nada, uma crise da escuta atenta. Hoje, cada um presta homenagem ao culto de si mesmo. Cada um performa e se produz. Não é a personalização algorítmica da rede, mas o desaparecimento do outro, a incapacidade de ouvir atentamente, que é responsável pela crise da democracia. [...] Não ouvimos mais o outro de maneira atenta. Ouvir atentamente é um ato político, à medida que só com ele as pessoas formam uma comunidade e se tornam capazes de discursar. Ele promove um nós.
A democracia é a comunidade da escuta atenta."

Byung-Chul Han, *Infocracia*

Introdução

-
-
-

Meu nome é Petria Chaves. Sou jornalista. Há pelo menos dezoito anos meu ofício é falar e comunicar. Você pode ter chegado até aqui por conhecer meu trabalho em rádio, ou pelos meus textos e postagens nas redes sociais, ou simplesmente o título deste livro chamou a sua atenção para o que eu entendo ser a questão do nosso tempo: a importância de aprender a escutar.

Hoje em dia somos levados a ter opinião sobre tudo, mesmo sem um repertório profundo, principalmente no embalo das redes sociais. Falar, nós sabemos bem. Mas será que algum dia soubemos ouvir de verdade? Desde muito cedo percebi que esta era uma característica importante para minha vida: aprender a ouvir, saber escutar.

Enquanto escrevo este texto, pipocam mensagens no meu celular, no WhatsApp, no Instagram. No meu tablet há dezenas de avisos sobre as novas reportagens dos jornais que acompanho. Tenho certeza de que isso também acontece com você, reforçando a necessidade de sua atenção neste início de livro. A oferta de informação é constante e infinita. E eu, que ainda por cima trabalho com comunicação, não posso colocar o celular no modo silencioso.

Em 2018, conduzi e fui apresentadora de um documentário sobre política e linguagem: *A verdade da mentira*, dirigido por

Maria Carolina Telles. Uma obra difícil, gravada em meio às eleições de 2018 no Brasil, pós-impeachment e pré-Bolsonaro. O clima para o diálogo e a escuta não poderia ser mais desafiador. A chamada "polarização" virou lugar-comum, e é inegável o papel das redes sociais na desconstrução do diálogo e do entendimento entre partes que pensam e veem o mundo de maneira diferente. Com isso, emergiu a cultura do cancelamento.

Na espera de um voo para o Rio de Janeiro, rumo às primeiras gravações do filme, comprei na livraria do aeroporto o último lançamento, na época, do escritor israelense Yuval Harari. Ele, que já havia escrito os ótimos *Sapiens* e *Homo Deus*, lançava suas *21 lições para o século 21*. Eu não imaginava que nas primeiras linhas dessa obra estaria uma ideia que me acompanharia por muito tempo, e que inspiraria até mesmo este livro. Foi uma pedra de reflexão basal para mim.

"Num mundo inundado de informações irrelevantes, clareza é poder."

Yuval Harari

Essa frase me arrebatou, e vou relembrá-la algumas vezes durante o desenrolar destas páginas, pois ela toca na questão máxima dos nossos dias: Como posso saber, em tempos de tanta falação, o que realmente importa? Como treinar meus ouvidos e minha alma para saber o que devo saber? Como adquirir esse poder pessoal em meio ao bombardeio de informações fúteis que tentam a todo custo nos impregnar de sentido?

A vida é muito curta. E não há tempo a perder. É preciso saber o que e a quem devo escutar.

> **...**
>
> A vida é muito curta. E não há tempo a perder. É preciso saber o que e a quem devo escutar.

Naquele curto voo de ponte aérea, mergulhei em questões filosóficas sobre minha própria existência, sobrevoando o mar de informações e conversas inúteis que travamos; conversas disfarçadas de essenciais que se apresentam para todos nós, minuto a minuto, nos dias de hoje. E ainda ouvimos áudios de WhatsApp acelerados em duas vezes com a ilusão de que estamos ganhando tempo.

Por isso, este livro pretende ser um mergulho no silêncio, o que pode nos ajudar a ouvir nossas reais necessidades. Nossas e as dos outros. Silenciar-se ajuda a elevar a percepção do que faz sentido e do que é relevante. Pensando nisso, este livro também é metalinguístico: viajo pela nossa infância e a de nossos filhos para descobrir como o narcisismo atrapalha nossos sentidos; percorro diálogos com psicanalistas para entender como se dá o ofício da escuta; viajo por religiões ancestrais, como budismo, judaísmo, cristianismo e candomblé; converso com filósofos e profissionais de saúde para entender se, e como, o silêncio pode ser uma ferramenta de desenvolvimento em tempos turbulentos.

Por meio de diálogos e de uma escuta atenta, mergulho em reflexões e na prática de pessoas que perceberam que precisamos aprender a silenciar num momento de tanta gritaria e de tanto ódio. Como jornalista e pessoa curiosa, uso minha profissão como álibi para perguntar a personalidades brasileiras como entender melhor a sociedade do cansaço, do cancelamento e do narcisismo. E a partir dessa análise do coletivo descobrir como o poder de ouvir pode ser peça-chave num entendimento maior sobre o momento que vivemos e para onde vamos. Quero saber como essas pessoas conseguiram percorrer o caminho oposto ao da gritaria das redes sociais e da necessidade da lacração pela audiência.

No meu ofício, sinto que sou apenas uma ponte entre conhecimentos. E, para chegar até o caminho do silêncio engrandecedor, quis ouvir pessoas que em algum momento sentiram e escutaram seu próprio vazio para captar algum sentido maior para a vida. Fiz questão de selecionar pessoas que não estão à mercê das curtidas nas redes sociais. Esse foi um critério importante de seleção para mim. Algumas delas, inclusive, têm milhões de seguidores. Mas mal sabem entrar nas redes, pois não administram suas postagens. Saber a opinião de pessoas livres do condicionamento e do barulho das redes e dos likes foi condição fundamental para que estivessem aqui.

Busquei concatenar ideias e ferramentas que, em alguma instância, ajudaram essas pessoas a ser melhores pais, filhos, profissionais etc. Desenvolvi uma escuta que serve como instrumento amplo para sairmos das mazelas ou das doenças emocionais. Ainda estou à procura de algum caminho para sermos mais equilibrados e saudáveis em nossos paradoxos e contradições, não apenas mais "felizes".

Vivemos um momento ímpar. Estamos criando marcos civilizatórios. A internet traz desafios imensos, da política à educação. Exercitar nossos ouvidos enquanto humanos dotados de reflexão pode ser um norte. Nosso desafio é desenvolver a "escutatória", como dizia o saudoso professor Rubem Alves.

Por isso, espero que você não leia (nem ouça) estas páginas em velocidade dois ou em ritmo acelerado, que possa sentar e sorver cada palavra como o caminho para as próprias contemplação e conclusão. Este livro não é um manual, mas um grande compartilhar de ideias e espelhos sobre nosso tempo, uma pensata sobre a vida que talvez leve você a desejar escutar mais. Ouvir os sons por meio do prazer de ouvir a si mesmo.

Muitas vezes, esta obra será sensorial. Um convite a um espaço vazio que pode trazer incômodo e também respostas que, por sua vez, não surgem quando estamos plugados num modo de vida tão reativo. Desejo que, ao conseguir silenciar, você encontre respostas internas e pessoais, algo leve, mas relevante e perene, ao contrário das tantas palavras jogadas ao vento com as quais somos bombardeados e convidados a reagir – palavras que desaparecem na mesma velocidade que surgem, mas que deixam suas marcas.

PARTE I

A escuta

> *"Há uma arte de escutar. Para sermos realmente capazes de escutar, devemos abandonar ou colocar de lado todos os preconceitos, formulações prévias e hábitos diários."*
>
> Krishnamurti, *A primeira e última liberdade*

1.
Eles estão surdos – como nos tornamos tão barulhentos?

"Tenho uma mãe muito barulhenta, muito extrovertida. Eu tenho uma personalidade hipersensível e era terrível para mim quando, na escola ou na família, não entendiam que eu precisava ficar em silêncio.
Alguns dos livros mais legais que criei, das ideias mais bacanas de negócio que tive, das soluções mais incríveis que achei para minha vida aconteceram em momentos em que eu estava sozinho. Tenho uma necessidade muito profunda de silêncio, de não falar com ninguém, de deixar o celular longe.
Às vezes, saio para caminhar por horas e fico desconectado. Tenho uma natureza introvertida. Os introvertidos têm uma necessidade maior de conexão, de quietude, reflexão. Momentos para chorar, pensar, para se revoltar, para fazer balanços, ver o que está faltando. Para poder decidir o que fazer com o que está faltando. É o momento da criatividade.
Eu gosto de pessoas, tanto que trabalho com pessoas, mas tenho uma necessidade muito grande de não falar com ninguém durante algum momentinho do dia. Seja com atividades específicas, como meditação, em que paro por vinte minutos, duas vezes ao dia, pela manhã e à noite; seja com a corrida. Não levo rádio, não levo nada. Vou escutando meu silêncio e, assim, organizando as ideias de um jeito muito criativo. Sinto um poder muito grande no silêncio, como

sugere aquela frase do psicanalista Carl Jung: 'Quem olha para fora sonha, quem olha para dentro desperta'. Sinto-me, muitas vezes, revigorado quando fico um tempo em silêncio."

Leo Fraiman, psicoterapeuta e autor
best-seller de livros sobre educação,
entre os quais *A síndrome do imperador*

Estou convencida de que aprender com o silêncio é um passo importante para escrevermos novas histórias como humanidade. O silêncio tem sido muito importante para mim. Sou pretensiosa e acredito que não estamos vivendo à toa. Acredito que podemos passar por esta vida e deixá-la um pouco melhor do que era quando nascemos. Mas dá trabalho. A pergunta é: Quão disposto você está a se aprimorar?

•••

Sou pretensiosa e acredito que não estamos vivendo à toa. Acredito que podemos passar por esta vida e deixá-la um pouco melhor do que era quando nascemos. Mas dá trabalho. A pergunta é: Quão disposto você está a se aprimorar?

Estou agora numa casa linda – grande, mas acolhedora –, aguardando meu entrevistado. Nessa minha jornada por respostas sobre o valor da escuta e do silêncio, eu quis começar pela infância, revisitar o que foi o crescimento da minha geração, nossos valores e como nos desenvolvemos para chegar a este momento de tamanho ruído, ódio, cancelamentos e intolerância – seja na política, na educação ou nos relacionamentos.

Estou na casa do escritor e psicoterapeuta Leo Fraiman. Leo é um autor best-seller de livros para pais e mães desesperados com a dificuldade que é o ofício de educar. Eu sempre recorro a ele quando tenho alguma dúvida sobre o meu maternar. Sempre que conversamos em meu programa de rádio, ele é carismático. Aqui, em sua casa, estou no silêncio da espera para uma conversa mais intimista, cercada pelos sons dos passarinhos em plena São Paulo – algo raro na metrópole da poluição de toda ordem. Estou tomada por pensamentos. Quem me ensinou a escutar? Quem me disse que isso era um valor importante? Quantas vezes o exercício de escutar me salvou de boas enrascadas? E quantas vezes pessoas que me ouviram melhor do que eu mesma me ajudaram a ter uma vida (muito) melhor? No silêncio que antecede algumas entrevistas, sempre me surgem muitas perguntas. Me tranquilizo porque já sei por onde começar.

Ainda a propósito dos barulhos e silêncios, sempre que ligava o gravador ao me sentar com algum entrevistado, prestava atenção aos sons que poderiam atrapalhar a gravação – aviões, britadeiras, carros. Acontece nos melhores encontros. Há alguns anos, passei a aceitar o barulho. Percebi que os sons e ruídos ao redor me serviam como moldura para aquele momento. O som da moto que acaba de passar enquanto escrevo estas palavras, por exemplo, não me distrai. Pelo contrário, me ajuda a ir mais fundo. Quão silenciosos precisamos estar para que o barulho externo não tire nosso foco? E quando o barulho externo não é apenas um ruído, mas vozes e opiniões que nos ferem, nos distraem e nos tiram do verdadeiro rumo da vida? Precisamos voltar à infância para identificar tudo isso.

Leo chega feliz à sala onde estou. Reparo certa timidez. Ele não é uma pessoa que causa ruído. Sua eloquência na fala durante nossas entrevistas de rádio não revela essa pessoa que fala manso, baixo, e que, inclusive, me acalma para termos uma conversa tranquila. Ele ouve atentamente minha primeira pergunta.

A escuta começa na infância? Quem ensina quem a escutar? Ele logo me explica que começa antes da infância. A escuta começa na ideia que temos da infância. Existem sociedades muito ruidosas e barulhentas, como a nossa, em que todo mundo quer saber sobre a vida de todo mundo. Todo mundo se sente no direito de dar palpite sobre a vida de todo mundo. O sucesso das redes sociais e dos sites de fofoca no Brasil não é à toa. E qual é a relação disso com o silêncio e com escutar o outro?

A cultura maneja muito do nosso pensar, do nosso sentir e do nosso agir. Segundo Fraiman, vivemos numa cultura em que as pessoas pouco escutam a si mesmas, pouco escutam as outras e, claro, pouco escutam as crianças. "O fenômeno que eu mais vejo hoje é algo antecipado por estudiosos como Neil Postman, com o livro *O desaparecimento da infância*". Por que isso é importante? Pois falar do desaparecimento da ingenuidade e do fluir da vida infantil vai nos ajudar a descobrir o comportamento imaturo que, hoje, nos faz não ouvir mais ninguém.

Você já reparou no fenômeno de crianças adultas? O desaparecimento da infância tem relação com essa ideia. Uma infância em que as crianças têm acesso a muita informação e são criadas para ser felizes a todo custo. Miniadultos que precisam, a todo momento, ter todas as vontades atendidas em vez de terem contato com a vida real, com seus altos e baixos, paradoxos e desafios a serem superados.

Diante disso, é inevitável o convite à reflexão a respeito do que nós fomos e do que são as nossas crianças. Por isso, antes de seguir, faça uma mentalização pessoal: Como foi sua infância? Seus pais foram assim? Como você e sua família lidavam com as frustrações que se avizinhavam?

A ideia de blindar as crianças do "mundo real", quero dizer, das frustrações inerentes ao mundo real, se transforma em algo que vamos pensar e destrinchar ao longo deste livro: o narcisismo.

Durante nossa conversa, Leo me recorda que desde a década de 1980 passamos por muitas transformações sociais, como o empoderamento de parte das mulheres no mercado de trabalho, o avanço tecnológico em grande escala, a cultura emergente dos jogos eletrônicos em paralelo à popularização do conceito de felicidade. A família mudou e nós, indivíduos, também. Um ingrediente durante o crescimento da nossa geração foi a popularização de programas infantis. "Com tantas mudanças nas últimas décadas, passamos a supervalorizar a infância e, ironicamente, o que menos se faz nesse contexto é escutar a infância", lamenta o escritor.

Hoje tenho 40 anos de idade e faço parte de uma geração barulhenta que deseja ser feliz a qualquer custo. Viajo para a época dos meus 5, 6 anos de idade. Quando eu era pequena, meus pais trabalhavam durante o dia todo. Eu era criada por eles e por minha avó, que morava conosco. A apresentadora Xuxa era uma estrela e, sem sombra de dúvidas, foi como uma monitora de maternal para mim (assim como para muitos outros). O mundo encantado e ilusório da sua nave, as roupas, as brincadeiras e as comidas, as paquitas, um mundo idílico de cores do programa e – por que não? – de consumo certamente impregnaram o imaginário da nossa geração.

Na mesma época, eu adorava imitar repórteres da TV. Pegava a escova de cabelo da minha mãe e fazia de microfone. O ano era 1985. No ar, anunciavam no plantão da Globo a morte do presidente Tancredo Neves, na véspera de sua posse. Sem a mínima ideia do que aquilo significava de verdade, eu imitava o tom sério e imponente das pessoas importantes da TV.

Volto para os dias de hoje. Minha filha tem 7 anos. Ela é feita do mesmo material que nós que assistíamos à Xuxa. Hoje, ela fica encantada com os grupos de música no YouTube – já me disse mais de uma vez que deseja ser integrante do grupo Now United. Em casa, limitamos ao máximo o acesso de nossos filhos à internet. Mas é impossível vetar completamente: os estímulos estão em todo lugar, não apenas no celular. As crianças aprendem o tempo inteiro por imitação e comparação. Como nossos pequenos vão aprender o valor do silêncio e a entrar em contato com sua essência se há tantos estímulos exteriores? E cada vez mais cedo?

Claro que desejo que meus filhos, e as crianças em geral, sejam o que elas quiserem. Mas como elas poderão fazer escolhas conscientes se há cada vez mais informações, condicionamentos sobre o que é bom, belo e ideal fora delas mesmas? O que está chegando para os jovens como estímulo e exemplo?

Estamos caminhando para a frente ou para trás? Vejo os adultos bem perdidos nesse sentido. Muitas pessoas padecem de depressão e ansiedade por estarem longe do que é essencial e inspirador.

A caminhada em busca do silêncio é um trabalho árduo de reflexão sobre o passado e a infância, como quem tenta consertar o volante com o carro em movimento.

Nesse sentido, o assunto "redes e mídias sociais" é fundamental. Leo Fraiman me explica que, cada vez mais cedo, os jovens têm sua própria conta no YouTube. Mas o desenvolvimento de uma cultura narcísica se dá antes disso, infelizmente, com a maneira que pais e mães se comportam com os bebês ainda em gestação. Basta prestar atenção ao cotidiano: o narcisismo depositado na criança começa com os ensaios fotográficos mês a mês do bebê na barriga, depois com os bolos de mesversário. Eu mesma caí nessa armadilha. A cilada do mundo encantado da Xuxa apresentou seus sintomas em minha vida: a gritante exaltação da criança que mal nasceu. Hoje, com meus filhos um pouquinho mais velhos, me pergunto: Para que toda essa euforia?

O lado B de toda essa história é um cansaço, uma autocobrança exacerbada para ser e se mostrar feliz o tempo todo. Isso é uma gritaria. Leo sublinha para mim que, ao mesmo tempo em que portas foram abertas para que a mulher seja respeitada e suba a cargos cada vez mais altos no mercado de trabalho, projeta-se uma imagem de "mulher-polvo" que é feliz a todo tempo, bem-sucedida, satisfeita no trabalho e na família, uma mulher que faz tudo, que pode tudo, que tem que ser magra, carinhosa, sexy, fofa, que medita, faz trabalho voluntário, tem MBA e ainda tem que ser leve – de quebra, uma mãe perfeita, mesmo diante de tantos percalços que a maternidade traz. "Que raio de empoderamento feminino é esse?", ele esbraveja.

Pausa.

Paro para me escutar. Ele tem toda razão.

Do alto de meus 40 anos, passei muito tempo buscando parar de ouvir quem desejava me rotular. Era como se houvesse uma guerra entre os rótulos externos e minha voz interior. A quem eu deveria ouvir? Dou alguns exemplos: desde pequena, participar de festas com muita gente me incomoda. Carnaval, nem pensar! Não tenho pudor algum de faltar em festas de casamento ou comemorações que não fazem o mínimo sentido para mim. O barulho me incomoda demais. Qual o preço que pagamos por não participar de certas convenções? Mais rótulos, como a mal-educada ou a antissocial.

Quando falo em aprender a escutar, não quero apenas dizer aprender a escutar o outro. Falo sobre começar a ouvir a nós mesmos. Aprender a nos descolar do que desejam de nós e começar o exercício de escutar a voz interna, que muitas vezes é forte e enlouquecedora, mas que com o barulho externo de vozes e opiniões vai se enfraquecendo ao longo da vida. Esse equívoco começa na infância, quando ainda não sabemos filtrar e aceitamos o que nos dizem. Com isso, nos tornamos mais fracos. Ficamos incapazes de entender tanto nossos próprios sinais quanto o que o outro quer dizer de fato – principalmente as nuances, as entrelinhas. Com isso, tomamos atitudes equivocadas.

Os rótulos que colocamos nas crianças desde a infância sem ouvi-las de verdade, essa falta de respeito, esse viver no automático, me interessa mais do que nunca. Sinto que estamos um pouco perdidos quando o assunto é educação. Vivemos numa busca incessante pela felicidade, tanto a nossa quanto a de nossos filhos, e estamos nos perdendo de nós mesmos. A percepção do meu primeiro entrevistado é a de que pais e mães estão assustados: "Nessa cultura em que ninguém se ouve e ninguém ouve ninguém, o pai e a mãe não têm mais direito de ser pai e mãe; o homem não sabe mais o que é ser homem. Ele deixa de ser o sedutor e o empreendedor que conquistou a esposa, e entra facilmente no papel de filho dentro de casa".

Sem uma cultura de diálogo e de muita escuta, muitos casais se perdem também. Ouvir o chamamento de inadequação é fundamental antes que tudo vire uma doença das emoções e da alma.

> •••
>
> Ouvir o chamamento de inadequação é fundamental antes que tudo vire uma doença das emoções e da alma.

Tal Ben-Shahar é um psicólogo israelense que lecionou por 25 anos em Harvard, e seu objeto de estudo é justamente a felicidade. Em visita ao Brasil, em 2018, ele contou para a revista *Exame* que "historicamente, olhando pesquisas, o Brasil está entre os países mais felizes do mundo. No entanto, nos últimos anos, houve uma queda nos níveis de felicidade por aqui. A questão, claro, é o porquê. A resposta, com toda a probabilidade, é as mídias sociais. O Brasil é um dos países líderes no mundo em termos de presença nas redes sociais", disse à jornalista Luísa Granato.[1]

Por outro lado, se fizermos uma busca pelas séries mais vistas na Netflix, o conteúdo mais escolhido é de uma violência absurda. Segundo Leo Fraiman, isso não é à toa. Quando em estado de angústia, medo e tristeza, o córtex pré-frontal tem seu funcionamento diminuído e o cérebro é tomado pelo hipocampo, a fonte das emoções; ou seja, quando estamos mal ou para baixo, buscamos esse estímulo primitivo, regredimos e viramos bicho.

Como psicólogo que atende há anos, Leo me conta que o que mais lhe chama a atenção, além do fato de pais e mães transformarem seus filhos em objetos narcísicos, é a vigilância digital. Em nome de proteger as crianças, está se criando um vício em monitorar as crianças a todo o momento.

Em nossa sociedade do cansaço, segundo o autor sul-coreano Byung-Chul Han, não conseguimos parar. E, quando conseguimos tempo, achamos que parar é se deitar no sofá e navegar por

...

[1] SHAHAR-BEN, Tal. O professor que ensina a ser feliz sugere que você faça isto em 2019. *Revista Exame*, 8 dez. 2018. Disponível em: https://exame.com/carreira/isto-e-o-que-o-professor-que-ensina-a-ser-feliz-que-que-voce-faca-em-2019/. Acesso em: 17 set. 2022.

uma rede social. As crianças estão nesse mesmo frenesi, com cada vez menos oportunidade para parar e aprender a escutar a vida, estar na natureza, aprender com o que é natural. Com isso, anestesia de todos os modos, seja a violência dos filmes, seja o volume de estímulo das redes, acaba sendo a saída para muitas pessoas, famílias e crianças, que passam a se sentir incomodadas com o tédio. Aprender a ouvir é uma aliança gentil e carinhosa com períodos de desaceleração.

Na psicologia, todo "muito" esconde seu "pouco"; todo "exagero" esconde uma "falta". Leo concorda que uma cultura excessivamente barulhenta e narcisista é agravada com tantos estímulos digitais. Ele alerta que há algo ainda mais pernicioso nisso tudo: alimentarmos cada vez mais uma cultura de ódio. O que isso quer dizer? Vamos aprendendo aos poucos a nos odiar, a não sermos suficientes para nós mesmos. Segundo ele, nos fechamos em bolhas, com uma ideia de que deveríamos ser melhores, ganhar mais, sermos mais bonitos e mais magros. Nossas crianças também estão sendo criadas nesse tipo de jardim.

Não é à toa que, em meu ofício de jornalista focado no comportamento humano e na educação, entrevisto muitos especialistas alarmados com a quantidade de crianças apresentando depressão e automutilação. Leo Fraiman me diz que, há vinte anos, jamais falaríamos sobre adolescentes querendo fazer cirurgia plástica.

"As grifes hoje investem nas crianças", ele comenta. Volto urgentemente à questão da necessidade que temos do silêncio para digerir tantas informações do cotidiano, valores, rótulos, gritarias, para não comprarmos tão fácil o que a sociedade automaticamente nos bombardeia. Onde estamos nós em meio a tamanho barulho?

> **...**
> Onde estamos nós em meio
> a tamanho barulho?

Meu entrevistado é judeu e tem um repertório vasto sobre literatura judaica. Adoro a comunidade judaica e sei do apreço que eles têm por suas histórias. Pergunto ao Leo se ele não é saudosista quando fala da infância de hoje em comparação com a de antigamente. Ele nega e me questiona: "Do que as crianças de hoje precisam? Precisam do mesmo que as crianças de cinquenta, setenta anos atrás precisavam: carinho, limites, valores. Hoje se gasta muito dinheiro com remédios para crianças que muitas vezes só precisavam tomar ar! Tomar sol! Crianças que não precisavam de antidepressivo, precisavam só do direito de brincar".

Leo cita o belíssimo livro de Manis Friedman, *Será que ninguém mais se envergonha?*, em que o autor fala sobre o conceito de modéstia. As crianças dos últimos tempos (incluo nossa geração) não aprenderam a ser modestas. O papel da criança hoje é ser especial.

Chego a esse ponto da reflexão intrigada com o narcisismo sem limite que nos impede de ver e escutar o outro. Como achar o silêncio que pode me tornar um ser humano melhor? E mais: como, na visão do meu entrevistado, podemos ajudar as crianças a ser pessoas melhores para o mundo? Primeiro, precisamos entender quão doentes estamos como sociedade. Na visão de Leo, é preciso colocar a mão na consciência e entender o mal que estamos fazendo para nós mesmos vivendo dessa maneira desenfreada, barulhenta, desrespeitosa, vaidosa e narcisista.

A situação é de crise, mas temos muitas chances de mudar o pêndulo de lugar. Hoje em dia existe certa "religião" chamada "saúde", só que há uma má compreensão do que é saúde em si. Estar bem é mais do que magreza, pele brilhante ou desempenho esportivo. Saúde é paz de espírito.

Há cerca de cem anos, cuidados simples de higiene – como lavar as mãos e os alimentos, tomar banho todos os dias – dobraram a expectativa de vida da humanidade. Imagine a expectativa de vida que podemos ter se tivermos cuidado com a higiene mental? Será que a escuta e o silêncio são ferramentas para essa higiene?

Porém, como escutar quando estamos com a percepção tão poluída? Somos como aqueles pais que, não suportando os berros de uma criança que chora, dão a ela exatamente o que quer só para parar de chorar?

Seguimos fazendo o mesmo na idade adulta com diversos tipos de entorpecimentos – estamos calando nossa criança. Leo Fraiman me ensina que o papel das mães e dos pais não é fazer os filhos felizes. O papel dos pais é proporcionar uma boa escola, alimentação de qualidade, noção de equilíbrio entre afeto e firmeza. "A felicidade é o filho que vai construir", ele reforça. Por isso é importante saber escutar e aguentar os momentos em que nossos filhos expressam situações desconcertantes.

Por experiência, ele vê em toda essa crise uma oportunidade de pais e mães se colocarem como filtro da história, não como uma torneira. Se prestarmos atenção e ouvirmos as crianças, podemos escolher: não precisamos nem fazer igual, nem fazer o oposto da nossa infância. Podemos ressignificar e construir uma nova história na prática da educação. Precisamos desse exercício ativo de... escuta.

Eu mesma penso que é como estar numa academia. Cansa fazer exercícios, é incômodo, mas nos faz bem, traz saúde. Da mesma maneira, o choro da criança vai cessar e certamente trará aprendizado. "É a serenidade de pais e mães que vai construir a serenidade dos filhos", segundo o especialista. Faço a transposição dessa ideia para todos nós, adultos. Precisamos aprender a ouvir nossas dores sem tentar resolvê-las imediatamente; isso pode abrir um espaço interessante para novas atitudes.

Pego carona nessa ideia e entendo que estamos tratando de um assunto que vai muito além da educação de filhos. Estamos falando sobre a construção de uma serenidade interna, tenhamos filhos ou não.

Precisamos começar a treinar o domínio de nós mesmos para educar as crianças que fomos e somos até hoje, sempre querendo ter razão, a última palavra, expondo o que sentimos nas redes sociais. Estamos banalizando o diálogo. Um comportamento infantil, no pior sentido da palavra, de querer ou precisar a todo momento calar os outros para se sentir vivo ou dono da verdade.

No fundo, somos crianças mal-educadas e estamos percebendo o tamanho da nossa falta de educação. Educação do ser. Isso está evidente nas redes, mas também nos ambientes de trabalho, nos relacionamentos, namoros, amizades e, claro, na vida cotidiana de pais e filhos.

Uma metáfora do comportamento parental que podemos transpor para a vida adulta e que pode nos ajudar com a questão da quietude é o que Leo chama de "colo com molas": "Reconhecer aquele incômodo, dar um abraço, mudar o foco durante algum tempo e não tentar resolver. Não preciso resolver o tempo inteiro. O choro do filho é como ele cresce".

Nós precisamos crescer como sociedade. Precisamos acolher e saber que não é quem tem a última palavra que vence uma discussão. Isso vale para a casa e para a política. Isso vale para ouvirmos e tentarmos começar a compreender os paradoxos da vida real, e não da vida idealizada. Quando idealizamos demais nós mesmos e a sociedade, fugimos do concreto, do que somos feitos. Se não paramos para ouvir o outro e só quisermos ouvir nossas necessidades, realidades e ideologias, não há mais campo possível para o coletivo existir. Leo reflete que quem só sorri não é feliz. Qualquer criança supermimada é infeliz e torna o mundo infeliz. Eu não poderia concordar mais.

Precisamos, inclusive, ressignificar o silêncio, a espera, a frustração, não como um vazio, mas sendo um espaço humano. Ser humano, segundo Leo Fraiman, também é ser sofredor, como está descrito no livro *Em busca de sentido*, do criador do movimento da logosofia e da análise existencial, Viktor Frankl. Leo me explica melhor essa passagem: "Frankl menciona o ser sofredor no sentido de que o sofrimento faz parte da vida, de que não podemos tudo, não teremos tudo e o limite é parte do jogo da vida. Por outro lado, somos seres transcendentes: podemos escolher como vamos vivenciar os acontecimentos que se passam conosco. Este é o verdadeiro (e desafiador) papel dos pais: ajudar o filho a escolher de forma sábia o que ele vai fazer com aquela dor, com aquela nota baixa, com o que não saiu da maneira esperada".

Volto a ouvir o canto dos pássaros na casa do meu entrevistado. Volto a prestar atenção àquele cenário calmo e tranquilo que me ajudou a mergulhar em tamanha reflexão. Estou atordoada com tanto conhecimento – que me fez abrir a mente para entender como nossa criação influencia a maneira como nós, adultos, nos portamos diante dos desafios da vida. Me pergunto como um profissional que lida com tanta gritaria de crianças, pais e mães consegue se manter em serenidade para ouvir os outros e ajudá-los em suas buscas.

Leo me conta um pouco sobre sua rotina, seus hobbies e tudo aquilo que o ajuda a se desligar do mundo para se reciclar. Ele é categórico em afirmar que o silêncio é uma ferramenta extremamente necessária para que ele consiga levar adiante tantas demandas da vida. Conta que existem diversas formas para se aquietar, desde conversas leves, como a que tivemos, até o exercício de estar totalmente presente naquilo que se está fazendo, com foco. Ter um diário também ajuda: "Tenho um diário há anos. Escrever é uma forma de aquietar a mente", confessa.

Outra prática que o psicoterapeuta usa para si mesmo é a corrida e a meditação: "Pratico a meditação transcendental. Preencho minha vida com uma série de momentinhos em que estou olhando para quem eu sou. Acho isso uma grande libertação. Pois não sou um boi na manada. Se eu quiser ir com a manada, eu posso. Posso ir ver um filme do 007 que eu adoro. Mas, se eu quero ter felicidade, se eu quero morrer bem, eu preciso viver bem. E, para viver bem, eu preciso me escutar, entender o que meu corpo precisa".

Fico com uma dúvida, algo que me incomoda enquanto estamos conversando. Me pergunto se o silêncio nos torna mais felizes. Por que buscar o silêncio? Dirijo minha questão para ele, que me provoca: "Você andaria na rua durante vinte segundos de olho fechado? Se a resposta for 'não', então por que você deseja navegar por essa aventura tão cheia de nuances e complexidades chamada 'vida' de olhos fechados para si mesma?".

Nesse sentido, segundo Leo, o silêncio é uma forma de treinar a consciência do que está acontecendo dentro de si e a nossa volta. É andar de olhos abertos! O silêncio é uma porta de percepção para o passado, para o presente e para o futuro. "Isso é doído para muitas pessoas. Não é gostosinho, não é só confortável. Eu costumo falar: você não morre porque você caiu no rio, você morre porque você não continuou a nadar. Existe um momento doído do silêncio, mas, já que você entrou no rio, nade para o outro lado. Sabe por que o silêncio? Para você se tornar humano". Um portal de consciência é aberto a partir da prática da quietude e, com isso, é possível se responsabilizar pela própria vida, mesmo sendo doído algumas (muitas) vezes.

Minha jornada rumo ao "humano" começou. Desejo eu mesma me tornar mais humana, menos mimada e menos dona da razão. O espelho nessa primeira conversa me leva para uma reflexão profunda sobre mim, sobre meu comportamento e sobre quem está ao meu redor. Consigo enxergar pessoas mais barulhentas em seus surtos infantis, consigo me enxergar falando mais alto, incapaz de enxergar a perspectiva do outro. As conversas são muitas vezes curativas. Mas elas só curam quando permitimos a conexão e a escuta.

Desligo o gravador. Estou em silêncio. Um telefone toca e a moldura sonora encerra nossa entrevista como que por acaso. Estou levemente agitada, mas feliz por ter captado tantas informações importantes a respeito do contexto em que as gerações passadas e futuras estão submergidas no barulho de desejos e projeções inconscientes. Agradeço meu entrevistado, que sai gentilmente apressado, pois já estava atrasado para outra entrevista em um canal de TV.

A política pode não ser animadora, tampouco as discussões nas redes sociais. Estas são meros reflexos de quem somos como indivíduos. Em psicanálise, é preciso colocar o bode na sala, falar e ouvir sobre ele para conseguir de fato resolver o problema. Seguimos nessa jornada de investigação sobre a escuta.

2.
Criação do campo da escuta

"Eu era uma adolescente muito angustiada. A psicanálise me salvou de muitas coisas. De uma dificuldade de lidar com a vida, de lidar com o outro. Pela psicanálise, encontrei uma escuta que me possibilitou repensar uma série de atitudes no mundo. Achei tão potente essa possibilidade que acabei mergulhando no estudo e na formação como analista.

A psicanálise leva em conta o inconsciente, as coisas que não conhecemos e que determinam o que sentimos e o que fazemos. Entrar em contato com essa dimensão do inconsciente me ajudou demais e me guiou na maneira como eu podia atender as pessoas. Encontrei ali essa dimensão de poder escutar o outro e, na minha análise pessoal, ser escutada. Percebi os efeitos enormes que isso pode ter na vida de alguém."

Fernanda Hamann, psicanalista, pós-doutora em teoria psicanalítica pela Universidade Federal do Rio de Janeiro (UFRJ)

A psicanalista Fernanda Hamann já esteve comigo diversas vezes em entrevistas de rádio, quando o tema era narcisismo, e também no documentário *A verdade da mentira*. Tempos difíceis. A mistura de eleições presidenciais e redes sociais marcaria para sempre a história do Brasil. Foi ali que o termo "polarização" ganhou status de novo modo de conduta da sociedade. Cancelamento. Uma espécie de materialização daquela cultura de ódio de que falávamos anteriormente.

O psicanalista tem como ofício a escuta. É seu trabalho e sua ética. Seu treino. Fernanda, no início de nossa conversa, me contava como a adolescência fora angustiante e como a tal da psicanálise a salvara de muitas enrascadas.

Me identifico muito com ela. Sinto que minha dificuldade de lidar com o outro é o que me levou a estudar, a buscar terapias e autoconhecimento. O exercício da escuta e o autoconhecimento requerem como condição fundamental assumir a responsabilidade e o comando de nossas atitudes. Mesmo quando o mundo é tão injusto.

Uma grande amiga costumava dizer: "Petria, o mundo não é para principiantes". Acredito que esse autocontrole na escuta que eu busco, de não me desesperar e sair reagindo quando alguém fala algo que eu discordo, é uma arma para que eu não seja mais uma principiante num mundo cacofônico. É preciso saber a regra do jogo para jogá-lo bem.

Se Deus estiver mesmo no silêncio, como versa o educador brasileiro Rubem Alves em seu tratado "Escutatória", sinto que estamos em maus lençóis.

"Não basta o silêncio de fora.
É preciso silêncio dentro. Ausência de
pensamentos. E aí, quando se faz o
silêncio dentro, a gente começa a ouvir
coisas que não ouvia."

Rubem Alves, "Escutatória"

Será que da sociedade do narcisismo e do cansaço pode prosperar um novo campo para a escuta que nos ajude a virar o jogo?

Existiriam técnicas para nos tirar dos abismos das vaidades e verdades – construídas com afinco ao longo dos anos, em cima de tantos enganos – e nos lançar no admirável mundo novo da escuta do outro com atenção? Ou mudamos esse padrão de comportamento ou o mundo algum dia vai nos cancelar. É pegar ou largar.

Jogo essas questões para Fernanda. Com ela, quero saber se é possível aprender a ouvir desde a escola; se esse exercício de maturidade não poderia ser facilitado por professores e pessoas com essa qualidade técnica, em vez de ser estudada apenas num curso de graduação para quem escolhe psicanálise ou psicologia.

Fernanda tem experiência em psicologia da educação, já deu aulas na Universidade Federal do Rio de Janeiro sobre o assunto. Ela sempre se pegou pensando que a educação dominante nas escolas e nas famílias é muito tradicional; o que isso quer dizer? É aquela em que o adulto quer que a criança se comporte como ele espera. Não é algo, por melhor que seja a intenção, que inclui o outro (no caso, a criança) e suas diferenças. Afinal, é difícil incluir a diferença, é mais fácil que o outro conceda.

Quando converso sobre esse tema com Fernanda, um farol se acende para mim. Se temos como método uma educação com esse pressuposto, com essa linguagem e essa direção, é claro que precisamos de um novo repertório para chegarmos à vida adulta sabendo ouvir. Se não temos como pano de fundo a escuta do outro na troca pedagógica, como desenvolveremos o poder da escuta e do verdadeiro respeito ao longo da jornada da vida?

Por outro lado, em posse dessa informação, de quão intolerantes somos com o outro, depois de anos e anos de condicionamento social, quais mudanças podemos fazer? Esse é um trabalho árduo que podemos fazer por meio da desconstrução psicanalítica.

Primeiro, precisamos silenciar para perceber nossos padrões de comportamento. Isso pode ser um pouco dolorido, pois, à medida que avançamos, percebemos que aquilo que tanto criticamos nos outros também faz parte de um comportamento condicionado nosso; achamos sempre que nós temos razão ou somos os donos de uma única verdade.

Fernanda frisa, e eu concordo, que vivemos hoje a cultura da lacração. Isso se reflete na comunicação com o outro: para sermos "ouvidos" nas redes sociais, por exemplo, precisamos usar determinadas palavras que vão reverberar. Nos condicionamos e somos condicionados pelos algoritmos. Minha entrevistada ainda comenta que o mesmo condicionamento pode acontecer na psicanálise quando um analista menos experiente acredita que precisa desvendar seu analisado e dar a última palavra. Fernanda se surpreende com o poder da escuta no exercício da clínica e ressalta: "Quando saio desse impulso da lacração ou de ter que interpretar a pessoa que está ali na minha frente, quando eu me calo e permito que o outro fale, esse outro pode se ouvir também e articular uma fala própria sobre si e sobre o mundo, seu desejo, sobre as coisas que são importantes para ele".

Existe alguma técnica para a escuta que podemos emprestar da psicanálise para usar no dia a dia? Esse é um exercício difícil que vai sendo aprimorado com a prática. Fernanda cita as experiências de Freud, fundador da psicanálise. As primeiras pacientes que chegaram para o médico neurologista recém-formado pela Universidade de Viena eram chamadas de "neuróticas histéricas". Mulheres com sintomas no corpo, como desmaios e convulsões, que tinham causas psíquicas. Hoje entendemos esses sintomas como psicossomáticos. Mas foi Freud que descobriu que não eram causas neurológicas. Ele as ouviu. A maneira como passou a tratá-las foi com a hipnose – por meio dessa técnica ele fazia com que elas falassem sobre situações traumáticas que "somatizavam"; à medida que falavam sobre essas situações, os sintomas iam diminuindo e, eventualmente, até desaparecendo. Uma paciente chamou esse método de "cura pela fala" ou "cura pela palavra".

Nesse início de tratamento, Freud direcionava bastante a fala das pacientes; as hipnotizava, sugestionava, dizia o que tinham que falar. Ao longo do tempo, ele foi percebendo que calar era importante; quanto mais ele "calava" e deixava a paciente falar, mais importante, duradouro e profundo era o resultado.

Hoje em dia, há uma clínica psicanalítica em que o analista fala pouco. Algumas pessoas estranham, pois querem um remédio rápido, uma solução imediata para seus problemas. Mas o que muitos não percebem é a importância de cada um articular o que é, de fato, importante para si.

Fernanda é enfática em afirmar que não existe manual de vida. O analista não pode dizer para você: viva desse ou daquele jeito. A pessoa é que precisa armar sua própria maneira de viver. Essa construção que passa pela fala é produzida pela escuta do analista.

Fico tocada nesse momento da conversa. O que mexe comigo é que aprender a ouvir é uma oportunidade para entrar em contato com essa dimensão absurda e infinita de histórias de vida para que eu engrandeça a minha própria história. Mesmo que no contraste. Mesmo que eu discorde daquilo que ouço.

...

O que mexe comigo é que aprender a ouvir é uma oportunidade para entrar em contato com essa dimensão absurda e infinita de histórias de vida para que eu engrandeça a minha própria história. Mesmo que no contraste. Mesmo que eu discorde daquilo que ouço.

Se sou capaz de calar e absorver o que o outro está dizendo sem querer dar uma resposta para seu caso, problema ou equívoco, posso perceber diversas nuances que produziram aquele discurso, a origem da linha de raciocínio. Com esse tipo de escuta também abro espaço para que algo muito importante e difícil aconteça: uma troca que permite a conexão e, num relacionamento mais amplo e saudável, a criação de intimidade.

Nelson Rodrigues sintetiza de forma dilacerante: "Ninguém ouve ninguém. O que nós chamamos diálogo é, na maioria dos casos, um monólogo cuja resposta é outro monólogo. Por isso, nossa vida é uma busca desesperada de um ouvinte".[2]

Por que temos tamanha dificuldade com esse tipo de conexão com o outro, a qual, me parece, deveria ser natural? Nesse ponto, minha conversa com Fernanda vira um pingue-pongue em que duas partes estão entregues e confiam uma na outra. Isso é o que todo jornalista quer: entrar nessa troca. Quando isso acontece, a conversa pode ser mágica e terapêutica. Revelo que eu julgo demais. Ela me provoca com sua resposta. Um conceito-chave para todo o entendimento neste livro: diz que, quando toco nesse ponto, a principal ideia que lhe ocorre é sobre o narcisismo contemporâneo. Um sintoma que hoje é amplificado pelas redes sociais. Veja bem: as redes sociais não são a causa do narcisismo. São um efeito dele.

O filósofo francês Gilles Lipovetsky, autor do livro *A era do vazio*, criou a tese de que vivemos em um momento de hipermodernidade. Um dos valores mais importantes que a modernidade trouxe, com a ascensão da burguesia e o valor do indivíduo

...

[2] CASTRO, Ruy (org.). *Flor de obsessão*: as 1.000 melhores frases de Nelson Rodrigues. São Paulo: Companhia das Letras, 2002.

e de suas conquistas, é o individualismo. Na psicanálise, esse conceito se traduz, em parte, no narcisismo. "A questão é que nessa hipermodernidade de agora temos todos os valores exacerbados, e com isso nunca fomos tão individualistas. Para a psicanálise, isto é um problema: esse exagerado amor de si", Fernanda reflete.

Fato é que durante a infância precisamos desenvolver certo amor por nós mesmos, nossa autoestima. Com o passar do tempo, isso pode se tornar, segundo Freud, um narcisismo patológico. Ninguém é autossuficiente, precisamos do outro desde o nascimento.

Tomemos como exemplo a comparação de um bebê humano com um bezerro, que já nasce pronto para a vida. Se o bebê humano for largado depois do nascimento, ele morre. Começamos a andar apenas por volta de um ano e estamos saindo da casa dos pais cada vez mais tarde.

Jacques Lacan denomina a ideia de autossuficiência como "delírio de autonomia". Fato é que o narcisismo nos coloca em uma solidão imensa. Mas aqui me vem uma inquietação. Será que a solidão é algo ruim? Gosto muito da minha.

É possível estarmos solitários rodeados de pessoas ou estarmos a sós, mas muito bem acompanhados, por exemplo, por um bom livro. Na verdade, a solidão ruim é um estado interno de infelicidade, esclarece Fernanda. A presença ou a ausência do outro não é só uma presença ou uma ausência física, mas simbólica. Ou seja, posso estar agora fisicamente só, mas me sinto amparado pela presença simbólica e fortalecedora de pessoas que amo – minha mãe que está em Portugal, meus filhos ou meu marido, que representam uma companhia constante mesmo quando longe.

Outro fato que Fernanda relata é que costuma receber em consultório pacientes que dizem não conseguir ficar em silêncio durante alguns minutos seguidos e não conseguem, por exemplo, meditar ou lidar com o tédio. Se sempre que sentirmos esse desconforto com o silêncio corrermos para usar o celular, vamos nos anestesiando e perdendo a capacidade de criar em momentos de quietude.

As mídias sociais também alimentam uma relação narcisista: o outro está ali apenas para confirmar o que eu sou ou quero ser. Hoje as pessoas querem ser celebridades digitais e influenciadoras. O lema é: "quero dizer o que eu penso". Qual é o problema disso?

O problema é que, do outro lado da tela, também encontramos pessoas igualmente narcisistas. Se o que dissermos coincidir com a autoverdade delas, seremos amados. Se o que dissermos ferir o que elas têm como autoverdade, seremos odiados e, provavelmente, cancelados. O que as pessoas estão buscando é troca? Não, é apenas espelho.

A psicanálise encara e explica essa questão, comenta Fernanda. Estamos construindo relações com o outro que são imaginárias, estamos buscando apenas reflexos. Muito diferente é você se encontrar com o outro, de fato. Aquele "grande outro", como diz Lacan. O outro simbólico é diferente de mim e me obriga a repensar minhas convicções. Por outro lado, o narcisismo leva apenas aos *lovers* e aos *haters*.

Lembro-me da jornalista Eliane Brum, que conheço há uma década, mais ou menos, quando a entrevistei pela primeira vez na rádio CBN. Ela é uma das mais premiadas jornalistas do Brasil, é uma mestra para mim. Seu nome surgiu durante minha conversa com a psicanalista Fernanda Hamann ao falarmos de trocas, escutas, silêncios e conversas – lembramos do termo "autoverdade", desenvolvido por Eliane. Em texto no jornal *El País*, de 18 de março de 2018, a jornalista disparou:

> A pós-verdade se tornou nos últimos anos um conceito importante para compreender o mundo atual. Mas talvez seja necessário pensar também no que podemos chamar de "autoverdade". Algo que pode ser entendido como a valorização de uma verdade pessoal e autoproclamada, uma verdade do indivíduo, uma verdade determinada pelo "dizer tudo" da internet. E que é expressa nas redes sociais pela palavra "lacrou" [...]. O valor da autoverdade está muito menos no que é dito e muito mais no fato de dizer. "Dizer tudo" é o único fato que importa.[3]

A autoverdade é a tradução de um comportamento infantil e narcísico. Um comportamento que tangencia a todos nós. Pare para pensar em suas publicações nas redes sociais. Somos tentados a dizer o que pensamos a todo tempo, como se isso de fato fosse mudar o mundo. Quão embasados estamos para proclamar nossas verdades em poucos caracteres nas redes? Quão profundas são nossas reflexões? Quanto disso eu espero como troca? Ou apenas desejo afirmar minhas verdades? Chega a ser engraçado, não fosse trágico, o campo de diálogo que está derretendo.

• • •

[3] BRUM, Eliane. Bolsonaro e a autoverdade. *El País*, 16 jul. 2018. Disponível em: https://brasil.elpais.com/brasil/2018/07/16/politica/1531751001_113905.html. Acesso em: 21 set. 2022.

No fundo, essa gritaria das redes é o reflexo de todos nós. O que nos falta, na realidade, é autoconhecimento, o conhecimento de nós mesmos antes de entrarmos na gritaria reativa, na necessidade de autoafirmação. Penso que precisamos conhecer mais sobre nossa engenharia interior, nosso funcionamento, antes de sairmos falando tantas bobagens nas redes e na vida. Calar antes de falar, para ouvir de fato o que é relevante para o mundo.

Passamos a usar as redes para falar de vida pessoal, intimidades, coisas que não falaríamos a uma pessoa desconhecida. A perda de noção do público e do privado me parece um ruído, uma poluição na comunicação. Nesse sentido, a jornalista Eliane Brum cumpre um papel fundamental de silêncios e falas estratégicas como quando elabora o conceito da autoverdade.

Segundo Fernanda Hamann, o narcisismo é ancorado na infância. Vamos aprendendo a sofisticar os sentimentos à medida que crescemos, mas o comportamento infantil fica em nós esperando o momento de transbordar. Será que, nesse sentido, seria saudável, em nome do respeito, do "anticancelamento" e da cura do narcisismo, promover algum tipo de censura do que é falado, sobretudo nas redes? É óbvio que não. Tanto eu quanto minha entrevistada concordamos. "Não acredito na censura: a censura infantiliza e é paternalista", Fernanda pontua.

Se vetar conversas não funciona, e vivemos em uma gritaria generalizada, precisamos começar a nos responsabilizar. Quero chegar à criação do terreno da escuta.

Fernanda volta à psicanálise. O que é a psicanálise? É o "um a um", a aprendizagem de deixar um pouco de lado o narcisismo para estar na relação com o outro de uma forma diferente. Existe o exercício da consciência de renúncia e de ser um ouvido para o outro, independente de mim.

Fico inquieta em pensar nisso. Eu mesma julgo demais. O tempo inteiro. Existe escuta sem julgamento de fato? Não tenho certeza. Para responder a minhas perguntas, Fernanda cita os ensinamentos de Freud.

O pai da psicanálise desenvolveu os conceitos de "juízo de existência" e "juízo de atribuição". O juízo de existência significa simplesmente reconhecer que alguma coisa existe. O juízo de atribuição é você atribuir adjetivos a essa coisa: se é bom, ruim, se é certo ou errado. Um analista em psicanálise não pode trabalhar no juízo de atribuição, ele não pode julgar. Ele precisa trabalhar no juízo de existência: acolher o que é exposto na fala do outro e devolver perguntas. Por exemplo, "Como é isso para você?" e "Como você lida com isso?" não são só perguntas, mas pistas para indicar caminhos preconcebidos.

Claro que a vida não tem manual, e, quando Fernanda fala sobre juízo de existência e juízo de atribuição, esses conceitos reverberam algo que se aprende na ioga e na meditação: aprender a não se identificar com o outro, não se identificar com as coisas e, no limite, não se identificar com o próprio corpo. O exercício de uma consciência de que o ser é uma entidade inteligente que utiliza esses veículos – corpo, meio, objetos e outras pessoas – para usufruir e entender a vida, para alargar a própria percepção sobre a existência.

Muitas vezes não ouvimos o outro porque simplesmente tememos nos perder. Sentimos uma dor pelo narcisismo arranhado. Mas na realidade não vamos nos perder. Não precisamos ganhar a discussão. Não vamos perder nada se o outro continuar pensando diferente. Precisamos entender que a diferença é ingrediente da vida, mas o desrespeito ao outro, não. Gritamos uns com os outros inconscientes de quem são esses outros.

Por outro lado, Fernanda problematiza que, no Brasil atual, acontece um fenômeno de massas identificado no livro *Psicologia das massas e análise do Eu*, também de Freud. Na obra, o psicanalista explica que as pessoas tendem a ter um rebaixamento da inteligência e da racionalidade quando estão imersas em massas acéfalas, como uma torcida de futebol. São momentos em que as pessoas tendem a reagir mais pela paixão e pelo impulso.

Nas massas, acontece uma espécie de contágio que faz com que um sujeito que jamais daria um tapa na cara do outro possa cometer assassinato tomado pelo instinto mais tosco. Freud dá mais um passo nessa explicação: alguns líderes conseguem ser fortes a ponto de nortear a energia de certos coletivos, tomando para si essa energia irracional. Existe, então, uma simbiose: a massa se identifica com o líder, que unifica sua voz. É como se o líder fosse um pedaço do seu eu. O exemplo mais emblemático é o nazismo, que até hoje nos atordoa e choca, mas é um exemplo claro de um único homem que foi capaz de canalizar o pior de um coletivo humano. Esse é um fenômeno completamente narcísico.

O Brasil vive essa realidade de forma peculiar. Existe cura? Existe retorno? A inquietação me toma quando olho e falo sobre política e a atualidade. Meu trabalho é ser ponte entre conhecimentos. Quando estamos em contato com tamanha falta de diálogo, de escuta e compreensão, sabemos que apenas a consciência de poucas pessoas não é capaz de mudar a história. Precisamos de uma massa consciente. Mas quantos indivíduos precisam estar plenamente conscientes para influenciar as massas em torno do esclarecimento?

Escute seu silêncio para ouvir o outro. O treino fundamental da vida. Às vezes é preciso se recolher mesmo. Ficar só, em casa por alguns dias, treinar não responder, talvez buscar se encantar com um mundo diverso, sentir o que esse espaço tende a dizer para você. Ter menos influência das imagens e dos estímulos que nos distanciam de nós. A escuta é uma intenção.

Fernanda revela que minhas perguntas a estimularam a escrever um ensaio sobre o narcisismo e o silêncio; cito aqui um trecho:

> *O narcisismo é uma patologia, ele nos adoece, nos torna mais propensos ao ódio e à frustração, porque a vida real nunca vai corresponder aos ideais narcísicos. A selfie que o sujeito posta no Instagram, no melhor ângulo, na melhor luz, retocada por filtro e maquiagem, não passa de uma ilusão. O mito da felicidade postada na mídia social, muitas vezes, esconde uma triste solidão. Silenciar no sentido de suportar calar um pouco, mesmo que o que venha do outro seja diferente do que a gente diria ou pensaria. Só a diferença pode nos ensinar, nos fazer crescer, avançar, amadurecer. Ficar no mesmo lugar é ficar parado, sem caminhar.*

A cada encontro, percebo que estou falando sobre o assunto de nossa era: o treino da escuta, a percepção do valor do silêncio. Volto ao historiador Yuval Harari, o qual expõe que, para cada dólar investido em tecnologia, deveríamos estar investindo um dólar em consciência, afinal somos nós que operamos as máquinas tecnológicas.

Ouvir é uma transformação que não requer tecnologia externa, mas exige reconhecimento sobre estilo de vida, desejos, uma mudança de modelo mental. Mas, afinal, o que é a escuta?

3.
Afinal, o que é a escuta?

> *"Eu detesto barulho. Essa sensibilidade muda com a idade, muda de acordo com a pessoa e com a personalidade. Há coisas que não me incomodavam antes e que me incomodam agora. Eu não frequento shopping center. Se por acaso eu preciso ir, eu saio exausta. Por causa do barulho e por causa de tudo: poluição visual e poluição sonora. Epidemiologistas, em meados do século passado, começaram a relacionar problemas de saúde pública à poluição sonora."*
>
> Claudia Feitosa-Santana, neurocientista

Ao longo das minhas conversas, busquei entender com meus entrevistados se a escuta é uma inteligência, se podemos aprimorá-la, se podemos nos tornar melhor nisso. Além de reflexões fantásticas, encontrei estudos essenciais no campo da psicologia, da psiquiatria, da medicina e da neurociência sobre o assunto. Numa pesquisa mais profunda, achei os livros e as ideias do psicólogo norte-americano Howard Gardner, que criou a Teoria das Inteligências Múltiplas. Ele já esteve no Brasil algumas vezes e sua teoria mudou a maneira como o mundo e as escolas enxergam a educação.

O conceito tradicional de inteligência tem origem há aproximadamente cem anos. Acreditava-se que era uma coisa única, hereditária e, sendo assim, não haveria muito a ser feito: estaríamos engessados dentro do padrão de inteligência familiar.

Essa é uma ideia da qual o professor Gardner discorda radicalmente. Em suas palestras e em seus livros, ele esclarece que esse é um modelo ocidental de ver o mundo. Em outras partes, como no leste da Ásia, China, Índia, Japão e Coreia, encontra-se uma visão confucionista para inteligência e aprendizagem. Para as culturas orientais, quanto mais você se esforça ou se aprimora em algo, mais inteligente você se torna. Ou seja, sua inteligência depende do quanto você trabalha nela.

Nas palavras do próprio Gardner: "Todo ser humano tem uma combinação única de inteligência. Este é o desafio educacional fundamental". Em seu livro mais famoso, de 1983, *Estruturas da mente*, ele descreve sete dimensões da inteligência: linguística, lógica/matemática, visual/espacial, musical, interpessoal, intrapessoal e corporal/cinestésica. E mais recentemente o professor Gardner acrescentou a seu modelo mais duas novas dimensões: naturalista e existencialista.

Escrevo um e-mail ao professor Gardner, que prontamente me responde. Pergunto a ele se está correto afirmar que a escuta também é uma inteligência. Ele me responde que não; seu critério é rígido para definir o que é ou não inteligência. Na avaliação dele, uma inteligência não pode depender de nenhum sistema sensorial específico. Portanto visão, audição, paladar, olfato e tato não podem ser considerados inteligências. Em seu entendimento, inteligência é um potencial para processar a informação que entra por nossos olhos, ouvidos, mãos, para que possamos resolver problemas ou fazer coisas que são valorizadas pela nossa cultura e pela nossa sociedade.

Entre as inteligências que ele enumera, a primeira é a "inteligência linguística", mais usada por escritores, jornalistas e poetas; a segunda é a "inteligência lógica/matemática", mais usada pelos matemáticos e cientistas. A maioria dos testes de QI atuais só levam em consideração essas duas habilidades, importantes para o período escolar, especialmente para a escola secular ocidental. Porém, como não passamos toda a nossa vida dentro dos muros da escola, descobrimos, com o correr dos anos, que existem outras inteligências humanas. É sobre elas que o professor Gardner se debruça em seus estudos.

A inteligência musical: dos artistas, cantores, compositores. Espacial: dos marinheiros, pilotos de avião ou escultores, arquitetos e jogadores de xadrez. Corporal: dos atletas ou cirurgiões, todos aqueles que usam o corpo inteiro para resolver problemas. Interpessoal: daqueles que entendem as outras pessoas, muito importante para líderes, professores e vendedores. Intrapessoal: daqueles que se dedicam a entender a si mesmos, ter uma boa ideia de quem são, quais suas forças e o que querem alcançar – segundo o professor, essa última é uma inteligência extremamente importante, mas se sabe pouco sobre ela e menos ainda sobre como ensiná-la. E, por fim, a inteligência naturalista, que nos permitiu reconhecer a diferença entre plantas, animais, formações rochosas, nuvens e, portanto, a que nos permite reconhecer o mundo da natureza.

Ele ainda elabora um conceito do que poderia ser uma nona inteligência: a inteligência existencialista, que olha e tenta responder a grandes questões; por exemplo "O que vai acontecer conosco, a humanidade?", "O que é Deus", "O que é amor?".

Para mim, o que é mais profundo nessa abordagem é saber que todos nós temos essas tantas inteligências, mas cada um vai expressá-las de maneira diferente. Esse conceito é chave para termos a certeza científica de que as pessoas são, enxergam e atuam no mundo de maneira diferente.

Conectado com o que nos apresentou a psicanalista Fernanda Hamann, o professor Gardner apresenta o fato de que não há duas pessoas com o mesmo perfil no mundo, e que isso vai contra a tradição da prática educacional no Ocidente, que ensina e avalia todos de uma só forma. Quem não se enquadra e não tira boas notas, segundo determinados critérios, não é considerado inteligente. Se a escola não ouve o diferente, a sociedade cresce lidando mal com a diversidade.

Apesar desse cenário mais pessimista, Gardner acredita que, pela primeira vez na história, é possível individualizar a educação num nível máximo. Isso significa ensinar cada pessoa da maneira como ela aprende melhor e, mais do que isso, testá-la de modo que ela possa, de fato, mostrar o que entendeu. Como podemos fazer isso? Segundo o professor Howard Gardner, por meio da tecnologia e dos computadores.

> *"Somos mais aptos a negociar e a convencer o outro do que querer saber a opinião dele."*
>
> Claudia Feitosa-Santana

Aqui no Brasil, acompanho de perto o trabalho da neurocientista Claudia Feitosa-Santana. Ela é pós-doutora em neurociências integradas pela Universidade de Chicago, doutora em neurociência e comportamento e mestra em psicologia experimental pela Universidade de São Paulo. Neste capítulo, apresento minha conversa com Claudia sobre o papel do escutar para nossas múltiplas inteligências.

Há pouco mais de um ano, Claudia lançou o livro *Eu controlo como me sinto*, uma obra científica e, ao mesmo tempo, acessível para o público leigo cada vez mais interessado em ciência. Um dos termos-chave usados para encontrar o livro dela nos sites de busca é "inteligência emocional"; entretanto ela discorda, pois, "quando falamos sobre o lado emocional, estamos falando sobre sentimento. Para saber o que estou sentindo, preciso usar tanto a emoção quanto a razão".

...

"Quando falamos sobre o lado emocional, estamos falando sobre sentimento. Para saber o que estou sentindo, preciso usar tanto a emoção quanto a razão."

Claudia Feitosa-Santana

Acho todas suas colocações brilhantes, modernas, claras, e adoro entrevistá-la em meu programa de rádio. Em mais uma conversa on-line, ficamos frente a frente, intermediadas por um computador. Lanço para ela minhas inquietações. Quero entender o que é a escuta do ponto de vista da ciência.

Ouvir é um treino?

À minha pergunta, ouço uma resposta esclarecedora da neurocientista. Ela me explica que, caso não haja nenhuma intercorrência na nossa formação, todos nascemos com todos os sentidos, todavia é preciso aprender a relacionar os sons com a vida. Em resumo, isso quer dizer que, embora todos sejamos capazes de ouvir os sons, é preciso aprender a reconhecer o som de cada coisa. É preciso aprender que há o som de uma árvore caindo no chão, da chuva caindo na terra, de pratos batendo no vidro; trata-se de um reconhecimento – tanto que, nos filmes, os sons que escutamos nunca são os sons reais, são efeitos sonoros produzidos em estúdio imitando o som das coisas apresentadas na tela, Claudia me lembra.

Assim, para compreender o que o outro está falando, não basta ouvir, é preciso ver o que o outro está falando para complementar o sentido da mensagem. Quando conversamos com uma pessoa, achamos que só escutamos com os ouvidos, mas escutamos com todo o corpo, fazemos também a leitura labial, captamos a expressão do outro. Por isso, você tem que estar de corpo inteiro, de corpo e alma, para realmente se conectar e ter uma conversa – Claudia é bem enfática nisso.

Com relação a essa afirmação, a especialista relata sua dificuldade com as aulas durante a pandemia de covid-19. Confessa que se sentia muito melhor em reuniões virtuais em que podia ter toda a visão do interlocutor do que em reuniões presenciais que precisavam ser realizadas de máscara – nesse caso, sem ter contato com a expressão facial do outro.

Ao ouvir tais afirmações, transfiro-as para meu cotidiano e tento entender minha função de jornalista de rádio, tanto com meus ouvintes quanto com meus entrevistados. No passado, muitas das nossas conexões eram feitas por telefone. Hoje, com a modernidade, também temos conexões visuais via YouTube. Será que perdi algum vínculo com os entrevistados por não estar vendo todos eles? Levo esses questionamentos a Claudia, que me explica mais sobre a escuta.

Segundo ela, se fecharmos os olhos em um ambiente silencioso, conseguimos ter toda a concentração apenas no som; ouvir uma música, por exemplo, quando estamos em uma sala de concertos. Em uma conversa, existem pessoas que podem se concentrar nas palavras e na conversa e até fecharem os olhos, mas isso é raridade. A maioria das pessoas precisa observar a boca e ver as expressões.

No meu caso, como radialista, há um treino, uma técnica que se desenvolve para que a concentração para ouvir o que é dito se mantenha e a conexão com o ouvinte não se perca. Claudia complementa que, dependendo desse treino, aperfeiçoamos nossos sentidos. Como jornalista de rádio, são anos de escuta, muitas entrevistas por telefone, sem ver o entrevistado. Hoje confesso que as entrevistas que faço pelo YouTube, em que posso ver as pessoas, acrescentam mais qualidade à informação que estou trocando com elas. Sinto que a conexão é mesmo mais completa. Mas esse treino é possível para quem não vive do exercício da escuta, como nós radialistas?

Evolutivamente, precisamos do silêncio e precisamos estar em contato com os sons da natureza, pois isso, segundo a neurocientista, faz parte da própria essência. Não é à toa que nos sentimos tão bem quando saímos de um cotidiano urbano barulhento e vamos para o interior. Faz pouco tempo que a civilização começou a se mudar para as cidades, ficando imersa em poluição de todos os tipos.

A falta de silêncio vai muito além de uma questão comportamental e da mera falta de escuta. A poluição sonora é um problema mundial, tanto que a Organização Mundial da Saúde (OMS) estima que, até 2050, cerca de 25% da população mundial deverá ter algum grau de perda de audição. A estimativa é que 700 milhões de pessoas vão precisar de serviços de saúde para reabilitar a audição.[4]

O Brasil é um dos países que menos se dedica a esse assunto, segundo Claudia. Não é só a perda de audição que entra na conta por causa da poluição sonora, podemos sofrer com pressão alta, problemas de coração e o pior: a perda do sono. Malefícios que foram constatados em estudo epidemiológico realizado com pessoas que moram perto de aeroportos.

A falta de silêncio também atrapalha a saúde, pois precisamos reciclar os barulhos internos. Claudia levanta a questão de que, quando não estamos processando estímulos externos como sons, ruídos e barulhos, podemos perceber com clareza que não estamos em silêncio, mas sim decodificando milhões de pensamentos e sensações que circulam pelo corpo. Mesmo quando dormimos, não estamos quietos. São raros os momentos de plena quietude durante o sono. Essa quietude só é

• • •

4 Organização Mundial da Saúde. OMS estima que 1 em cada 4 pessoas terão problemas auditivos até 2050, *Organização Pan-Americana da Saúde*, 2 mar. 2021. Disponível em: www.paho.org/pt/noticias/2-3-2021-oms-estima-que-1-em-cada-4-pessoas-terao-problemas-auditivos-ate-2050. Acesso em: 21 set. 2022.

alcançada quando conseguimos estar em atividades que nos proporcionam o exercício do silêncio externo, como prestar atenção à respiração.

Para mim, essa é uma realidade. Quando entro em profundo silêncio, consigo perceber tantos barulhos, conversas internas, minha própria entonação. Confesso que recorrer à prática do silêncio é quase como uma sessão de massagem, chega a ser uma prática física de descanso. O silêncio é um remédio, e não só para mim. Claudia Feitosa-Santana é praticante de meditação como ferramenta de treino de sua própria mente. Como benefício, ela relata que foi adquirindo a capacidade de concentração que, consequentemente, a ajuda a escutar melhor. Isso acontece pelo treino de estar fazendo uma coisa só; algo que estamos desabituados nos dias de hoje.

Já há um bom tempo, a meditação vem sendo dissociada – por alguns – de qualquer tipo de prática religiosa depois do grande interesse de neurocientistas que passaram a estudar os benefícios da prática. "Se você está treinando para fazer uma coisa só, você está melhorando sua escuta. Pois, quando você está com uma pessoa, depois desse tipo de treino, você consegue estar inteiro prestando atenção a essa única pessoa e a nada mais ao redor", a especialista exemplifica.

Isso me faz lembrar a hipótese de que a escuta talvez seja, sim, uma inteligência, apesar de Gardner ter me afirmado o contrário.

O que é, afinal, a escuta para a neurociência?

Na mesma linha de Gardner, Claudia afirma que a escuta não pode ser uma inteligência porque nascemos sabendo fazer isso. No entanto, acrescenta à ideia de Gardner o fato de que é possível desaprender a escutar, uma vez que vivemos numa sociedade multitarefa e que acredita ser necessário fazer um milhão de coisas ao mesmo tempo. O resultado disso: uma população alucinada, ansiosa, doente.

Entre não ser uma inteligência e a possibilidade de desaprender a escutar, mais uma vez me pego diante do misterioso ato de ouvir: se desaprendemos, é possível também exercer uma escuta seletiva, escolher o que queremos e desejamos ouvir, mesmo que o entorno esteja barulhento? Não só ouço um sim como resposta de Claudia, como também um conselho: deveríamos praticar esse tipo de escuta. "Se estamos trabalhando e começa uma obra, precisamos nos concentrar e desviar o foco daquele barulho." Assim como podemos treinar nossa atenção seletiva, podemos treinar nossa escuta seletiva.

Me impressiona o tema da poluição sonora ser tão pouco debatido. Claudia Feitosa-Santana se desanima ao lembrar o quanto nossa conversa está longe das discussões de saúde pública. Para ela, hoje, é um salve-se quem puder: "Temos um atraso na sociedade, veja o tempo que demoramos para desestimular o uso do cigarro. Não espero ver nos próximos cinquenta anos uma atitude efetiva em relação às políticas de proteção ao silêncio".

Hoje em dia, estamos começando a falar sobre a importância da escuta; mas quase nada se fala sobre a importância do silêncio. Uma das ironias do momento em que vivemos é que construímos uma vida tão frenética e, nas férias, pagamos caríssimo para fazermos retiros em spas em busca de silêncio.

Do ponto de vista biológico, o silêncio é tão necessário como o movimento para o corpo. Não é de chamar a atenção tantos problemas mentais e emocionais pelo ritmo que vivemos. Certamente esses ruídos são parte de tudo isso. Claudia

Feitosa-Santana me explica que existem ferramentas que evolutivamente foram necessárias para todos nós. E continuam sendo.

O silêncio é uma delas. Os sons da natureza são parte de nós da mesma forma que a cor favorita do ser humano é o azul-celeste. Temos uma tendência ao natural e os sons da natureza nos fazem bem. Os mantras, por exemplo, combinam com os sons da natureza e podem nos fazer sentir em plenitude. Por outro lado, numa mesma proporção, a batida da música eletrônica também pode ser agradável, já que tem a frequência da batida cardíaca. Entretanto, diferentemente dos mantras que são associados a práticas relaxantes e naturais, as músicas eletrônicas são associadas ao uso de álcool e drogas, podendo ser nocivas ao corpo.

Inevitavelmente, a conversa sobre o silêncio me leva à meditação. O que diz a neurociência sobre essa prática, pergunto à minha entrevistada. Segundo Claudia, de fato, meditar traz benefícios à saúde; porém de maneira isolada, como única prática de bem-estar, não é milagrosa. Trata-se de uma técnica que, aliada a uma série de outras atitudes na vida, pode surtir o efeito desejado pelo praticante. Geralmente a prática da meditação nos leva a buscar uma alimentação mais saudável, a praticar mais atividade física. Quando a pessoa começa a meditar, geralmente passa por transformações e se preocupa mais com a vida como um todo.

Vale acrescentar que a ideia de meditação vai muito além do conceito de se sentar sobre uma superfície confortável, com a coluna ereta, e se dedicar a ouvir a respiração ao som de um mantra. Se procura treinar o silêncio, pode-se ir além da respiração. A pintura, por exemplo, é uma ferramenta nesse sentido, assim como a corrida, como mencionou Leo Fraiman, no bate-papo que abre este livro. Muitas pessoas relatam que, em determinadas atividades, conseguem ficar com foco total no que estão fazendo, e tudo que está acontecendo ao redor perde importância. Um belo treino.

Do ato de silenciar, partimos para a ideia de como nos comunicamos. O silêncio é parte da comunicação. A verdade é que nós, humanos, ainda estamos engatinhando quando o assunto é linguagem. É preciso entender a conexão entre a forma como nos comunicamos nas redes e a formação de um comportamento autocentrado, reativo, pouco disposto a ouvir. E isso é assunto para a neurociência.

Claudia contextualiza que nossa linguagem e a maneira como nos comunicamos nas redes sociais só podem acontecer ali, naquele meio, porque se trata de uma comunicação escrita, com forma e velocidade que nunca tivemos na história. Claro que isso vai ter impactos na comunicação com o outro. "A nossa linguagem tem menos de 100 mil anos. Se mal aprendemos a nos comunicar com a fala propriamente dita, olhando nos olhos, muito mais difícil é ter uma linguagem escrita em que caiba tudo o que sentimos."

> ...
> "A nossa linguagem tem menos de 100 mil anos. Se mal aprendemos a nos comunicar com a fala propriamente dita, olhando nos olhos, muito mais difícil é ter uma linguagem escrita em que caiba tudo o que sentimos."
>
> *Claudia Feitosa-Santana*

Em resumo, o que acontece é que, quando usamos uma palavra para identificar todo um parágrafo, estamos criando um atalho para o cérebro. Isso pode até ajudar num contexto cotidiano, mas numa conversa cujo objetivo é ser mais profunda, pode ser que haja uma grande perda. Outro agravante é que, nas redes sociais, não temos o imediato retorno do olhar do outro, não recebemos a sensação do outro em relação ao que estamos falando. Daí criamos a falsa impressão de que podemos falar qualquer coisa. Mas não é bem assim que as coisas funcionam. Precisamos aprender de uma vez por todas que não podemos escrever achando que todos vão entender o que queremos dizer.

De um lado, temos pessoas o tempo inteiro expondo suas opiniões e falas com um vocabulário enxuto, raso, carente de uma interpretação aprofundada. Do outro, pessoas que não conseguem respeitar ou elaborar nenhum tipo de reflexão, muito menos participar de um diálogo.

Nesse contexto, me direciono a Claudia com mais uma: Para que lado estamos indo então? E ela acredita que estamos reativos demais, mesmo não gostando muito dessa terminologia. Num exercício de análise, podemos falar em reatividade emocional: uma reatividade do próprio corpo, pois recebemos uma mensagem e sentimos no corpo um mal-estar. Precisamos, então, nos livrar disso. Não conseguimos esperar pelo silêncio, queremos agir e responder prontamente.

É por isso que ela enfatiza, como neurocientista, que precisamos de um treinamento do silêncio; ter a capacidade de entender o que se passa dentro e fora de nós para depois estabelecer o diálogo. É preciso aliviar a tensão que se produz no corpo para, então, falar ou se expressar. Isso vale para as redes sociais e para a vida.

É possível conseguir treinar o silêncio no dia a dia? Sem precisar de spa, mato ou natureza? Claudia é enfática em apontar que a verdadeira meditação se faz em qualquer lugar. Você pode meditar no ônibus, no metrô. É justamente nessas situações que estamos treinando nossa atenção; com o ruído externo podemos treinar como nos concentrar na respiração.

Não adianta meditar sem estar atento ao fato de que a escuta precisa ser aprimorada. Claudia olha para a meditação como uma possibilidade entre tantas práticas meditativas. Costurar, surfar, correr, tudo o que podemos fazer para melhorar o foco pode ser uma ferramenta profunda de aprimoramento da escuta. E, para todas essas práticas, a disciplina é uma peça-chave para prosseguir.

Busco aprofundar essas técnicas que já são consagradas pela ciência. Quais grandes descobertas podemos fazer por meio do treino da escuta? Aguçar nossos sentidos nos levará para onde? Sigo nessa imersão.

Precisamos viver com os outros de forma a trazê-los para perto de nós, afirma a especialista. Por esse motivo, o foco do desenvolvimento cognitivo sempre foi persuadir, convencer. Mas, se o objetivo é ter uma escuta de verdade, é preciso ter consciência disso. Para tanto, é preciso empreender uma nova maneira de nos conectar com os outros, não para convencer, mas para compartilhar. Precisamos exercitar essa escuta livre de intenções para construir relações mais verdadeiras.

Com esse pano de fundo, meu próximo passo é buscar me aprofundar no conhecimento sobre as doenças que a não escuta nos traz e como o corpo também pode ser veículo de cura para a escuta.

4.
Vivenciamos a doença da não escuta?

> *"O carma é um grande ruído. Se você não é capaz de ouvi-lo, é apenas porque, nesse momento, está acostumado a escutar o mundo exterior. A partir do momento em que aprender a escutar sua interioridade, você ouvirá o estrondo cármico em alto e bom som. O nível de decibéis é tão alto que não tem como não ouvir."*
>
> Sadhguru, *Karma*

Este livro existe devido a um problema geracional. Um problema que não nos afeta apenas, mas também nos alerta sobre como será o futuro das próximas gerações. Enquanto escrevo as linhas que dão corpo a este livro, uma tragédia acontece no edifício onde vivo. Um garoto de 22 anos de idade silenciou a própria vida depois de longos períodos de uso de remédios antidepressivos.

Ao comentar, em choque, com o pediatra da minha filha sobre o ocorrido, ele me contou que havia um mês um sobrinho também se silenciara. Contando para as professoras da escola do meu filho minha preocupação, as duas me relataram que tiveram casos na família e com amigos próximos havia menos de um ano. Vivemos uma epidemia de suicídios; o ponto mais dramático da não escuta de uma vida.

Eu me pergunto o que anima nossa vida. Qual o campo físico do corpo que permite que nossa mente, nossa alma e nossas emoções trafeguem em harmonia e possam se manifestar com plenitude? Será que isso é uma utopia?

Ao encarar a trágica realidade do suicídio na sociedade, deparo com a necessidade de investigar a não escuta. O que é, afinal, o ato de não escutar? Nesse caminho, converso neste capítulo com um querido amigo, o psiquiatra Frederico Félix. O objetivo é entender como os campos da medicina e da psiquiatria estão acompanhando o adoecimento trágico dos nossos tempos. De cara, Frederico sinaliza que, na psiquiatria, a escuta é o parâmetro básico para se fazer um diagnóstico. Ainda hoje, há poucos diagnósticos laboratoriais ou de imagem que são utilizados na prática médica da psiquiatria. A escuta, portanto, é a grande ferramenta de análise e busca por cura.

Qual é a verdade sobre nossa geração quando o assunto é o silêncio?

O espírito da nossa época é de uma desenfreada ansiedade; o que gera um constante mal-estar. Estamos sentindo uma necessidade muito grande de falar, mas com uma expectativa muito grande depositada no outro ou em algo fora de nós. O que na maioria das vezes não corresponde à realidade. A expectativa está no campo das ideias, é imaginação. Esse comportamento vem sendo responsável por fantasiarmos demais a realidade, esperarmos muito do futuro. O que se espera do outro, das coisas, pode ser muito distorcido e gerar um estado constante de preocupação, de falta de adequação, de medo do futuro, e consequente receio de sermos incapazes. Detalhe: tudo isso é fruto da imaginação.

Ao vivermos uma vida pré-projetada com o que ouvimos desde a infância sobre qual deveria ser nosso caminho, a jornada da vida em si vai perdendo o sentido; queremos só o ponto final, a chegada, o logro para o objetivo que inventamos ou que assumimos que seria nosso. Quando paramos de ouvir nossa voz interior sobre o que precisamos para a construção de nossa trajetória – que de fato é a vida –, perdemos o sentido, o norte, a bússola interna. Ficamos, então, num estado de ansiedade, pois saímos do fluxo real da vida. A vida não é a chegada, a vida é o caminhar.

Para essa caminhada ser mais saudável, precisamos ouvir melhor a nós mesmos. E esse exercício deveria começar desde cedo, ainda na infância. Esse treino é necessário não só para manter a saúde mental, mas também porque nos permite entender as dicas que o mundo dá, prestar atenção ao que o mundo nos conta a respeito de como podemos construir nosso caminho autonomamente e em parceria com a comunidade. Mais do que isso, ao praticarmos o apuro do ouvir em diversas camadas para treinarmos corretamente a nossa mente, nos tornamos senhores de nossa mente, não o contrário.

No nosso narcisismo, como já comentamos, projetamos nas crianças o que achamos ser bom, o que consideramos ser o sucesso; por exemplo, a ideia de passar no vestibular, que vira um objetivo em si, e não uma parte do fluxo da vida, a depender de nossas escolhas para a nossa futura carreira. O peso é demasiado grande. "Quando criamos esse tipo de ruído na comunicação, cultivamos pessoas e relações que nunca estarão em paz", Frederico reflete.

Qual é a essência disso? Sem paz, o que estamos fazendo no presente fica esvaziado de sentido; queremos apenas o reconhecimento, um prêmio todos os dias, sem ter que passar por todos os incômodos, as frustrações e também pelas felicidades por estarmos vivendo a vida. Mas não são apenas felicidades no caminhar. Mas nem todo mundo é assim, você deve estar pensando. Não, não é. Frederico mapeia dois casos clássicos, em duas etapas diferentes da vida: o jovem que odeia estudar, mas é quase obrigado a isso por causa do vestibular – como não conseguiu encontrar a essência do estudo, o porquê desse empenho, simplesmente odeia estudar; o adulto que odeia o trabalho, o chefe, mas repete para si mesmo que precisa ganhar dinheiro e se aposentar. Em ambos os casos, não pense você que a mente fica quieta. Ela sorrateiramente começa a gritar. No início, talvez fale baixinho. Para suportar, as pessoas começam a sair para beber com os amigos, percebem que existem coisas fora de si para aliviar aquele desconforto. Que momentos bons podem passar com os amigos naquele happy hour! Mas a mente não cessa seu pedido de ajuda com o álcool ou com outro entorpecente – que pode ser, muitas vezes, a comida. Ela continua a martelar em seu padrão de ódio e pedidos de ajuda. Com o passar do tempo, a mente é capaz de criar tamanho ruído que não parar para escutá-la pode ser infernal.

Nessa hora, com tantos ruídos em mente, interrompe-se completamente a capacidade de sorver o agora, o momento presente. O que dificulta ainda mais a vida é que, se por acaso qualquer um dos dois perfis (jovem e adulto) parar no meio do furacão para ouvir o agora, esse agora será vazio, não terá o mínimo sentido. Será ensurdecedor parar, um verdadeiro flagelo, pois a mente continuará seu padrão e só serão ouvidos dor, ódio e aceleração, o ponto focal da vida fora do indivíduo. E é aí que as pessoas reagem comendo, bebendo ou com uso de entorpecentes em diversos níveis para silenciar o que há dentro de si: caos. O círculo vicioso está completamente desenhado.

O mais espantoso para mim é que essa é a vida de muitos de nós. Para Frederico: "Ouvir a voz do silêncio e ouvir a voz de seus próprios pensamentos pode gerar perguntas e questionamentos incômodos, esta é a realidade". Nessa era de informação e de turbilhões de dados que nos cercam, é fácil ficarmos ainda mais confusos, pois há muitas coisas fora de nós e poucas coisas dentro. Viver distraído vira uma cultura: não prestamos atenção ao que verdadeiramente nos traz crescimento.

...

"Ouvir a voz do silêncio e ouvir a voz de seus próprios pensamentos pode gerar perguntas e questionamentos incômodos, esta é a realidade."

Frederico Félix

"O medo do silêncio é mais uma coisa que me parece ser o espírito da nossa época", declara Frederico. Do ponto de vista científico, o centro de recompensa que é ativado com o uso de entorpecentes é o mesmo centro que é ativado quando recebemos uma curtida nas redes sociais. Recebemos uma curtida ou grande repercussão de algo que falamos nas redes e logo precisamos de mais. Viciamos nisso. Viciamos também nesse modelo de linguagem. Narcisismo, falta de verdadeira escuta. "É um estímulo que vive se retroalimentando", o psiquiatra se preocupa.

Além de termos que lidar com nossos conflitos internos naturais, agora ainda contamos com o bombardeio de informações que nos contemplam com mais sensações constantes de medo e insegurança; sentimos que a qualquer momento algo de errado pode acontecer – tudo fruto do que estamos dando como alimento para a mente.

Não há escapatória. Frederico acredita que criamos um ruído imenso quando só noticiamos coisas ruins – o que hoje acontece na maioria da grande mídia. Para ele, o vício em noticiar catástrofe, violência e tragédia com grande destaque, em detrimento de outras informações, gera um barulho imenso que refletirá na saúde mental das pessoas. Obviamente, isso não quer dizer que não devemos noticiar as mazelas da humanidade. O que está em análise aqui é o modo pernicioso de como a seleção das notícias vem sendo feita, trazendo prejuízos para a comunidade de uma maneira geral.

Mais um sintoma ruim desse comportamento emerge: a dificuldade de desligar. Cria-se uma sensação de que, a qualquer momento, algo novo pode acontecer e não podemos ficar de fora; não podemos deixar de saber, não podemos ficar alienados. É uma cultura completamente enraizada no medo e na inquietação. E, claro, nossas respostas estarão dentro desse condicionamento, nos (não) diálogos que travamos. Dentro do cérebro, criamos uma falsa sensação de controle e recompensa de que estarmos a par de tudo faz com que nada de mal possa nos acontecer. Um controle com alicerce no nada.

...

Nossas respostas estarão dentro desse condicionamento, nos (não) diálogos que travamos. Dentro do cérebro, criamos uma falsa sensação de controle e recompensa de que estarmos a par de tudo faz com que nada de mal possa nos acontecer. Um controle com alicerce no nada.

Há solução para isso? Frederico afirma que sim, que há uma saída. E ela está no termo "solitude", com o qual devemos nos familiarizar urgentemente. Solitude quer dizer criar tempo para si mesmo, para calar, para silenciar, para ouvir os pensamentos. Quando estamos rolando o *feed* de uma rede social, não estamos em solitude – há uma série de estímulos que estão condicionando nossa mente sobre o que e como pensar. Na solitude, temos tempo para nós mesmos. É diferente da solidão, aquela patológica, mencionada pela psicanalista Fernanda Hamann anteriormente, que representa mais uma fuga da realidade ou um desejo de nos esconder. Como exemplo, há pessoas que já não querem atender ao telefone, pois sentem medo, não olham o WhatsApp, pois a necessidade de responder gera ansiedade, pessoas que não querem ir a reuniões, pois ficam apreensivas e angustiadas, pessoas que se sentem inadequadas ou julgadas demais.

Por outro lado, "não fazer nada é malvisto nos dias de hoje, Petria", Frederico lamenta. A pessoa que quer apenas tirar um dia pra si, não ir a um happy hour ou, de maneira consciente, ficar mais introspectiva é vista com maus olhos. Quando, na verdade, é um momento absolutamente necessário para todos nós. E mais: não ter tempo para o silêncio e para não fazer nada pode virar um gatilho para doenças emocionais.

Em resumo, Frederico mostra que é preciso espaço para a contemplação para mantermos a saúde física. "O espírito da nossa época é expectativa, produção e resultado. Temos que chegar a algum lugar. Temos que ter um objetivo de vida. O trajeto, nesse cenário, fica esvaziado, e o objetivo é supervalorizado com pensamentos e devaneios a respeito dele. Mas a vida é a jornada. O caminho precisa ter sentido".

Existe quem consiga praticar o silêncio interior? A resposta é sim. Há pessoas que apresentam o cultivo do silêncio interior e que, geralmente, são muito agradáveis de se ter por perto. Muitas vezes, são aquelas que não falam muito, mas que são boas ouvintes. Não dão conselhos nem palpites, mas sabem ouvir e acolher o outro. Esse cultivo da escuta também precisa ser treinado pelo especialista em saúde mental. "Do ponto de vista técnico, o que vai nos diferenciar como psiquiatras é que podemos tomar atitudes quando percebemos, durante a escuta, indícios de uma pessoa com ideação suicida, por exemplo." Como médico, o psiquiatra pode medicar essa pessoa, solicitar internação até que a ideia suicida passe. Mas Frederico reforça que a escuta atenta de todos é poderosíssima e é a primeira barreira de defesa para proteger pessoas que estão em perigo do ponto de vista psiquiátrico.

Não à toa o Centro de Valorização da Vida (CVV) atua basicamente atendendo chamadas por telefone, ou em conversas via chat, para ouvir aqueles que estão em aflição ou em situação limítrofe. A pessoa que está passando por alguma situação de desespero pode ligar a qualquer hora do dia para o 188 ou entrar no chat pelo site da organização e falar sobre o que está sentindo. Ela vai ser ouvida.

O suicídio é uma atitude tomada por um desvio de pensamento que, muitas vezes, é momentâneo. "É como se fosse uma inflamação", Frederico compara. Portanto, esse momento de pico de dor emocional pode ser evitado se o indivíduo for acolhido. "Escutar essa pessoa é como abraçá-la, é como contê-la antes de fazer o pior." Uma escuta atenta, consciente e direcionada abre espaço para que a pessoa que passa por um desequilíbrio consiga dar vazão àquilo que a está levando ao desespero e, assim, o momento da ideação suicida passa: "Este é um relato muito ouvido em consultório; pessoas que tentaram silenciar a própria vida e que posteriormente passaram por uma experiência de escuta atenta e sentiram-se acolhidas revelam que não tentariam suicídio novamente".

Vale ressaltar que estamos falando da segunda principal causa de morte entre jovens de 15 e 29 anos de idade pelo mundo, segundo dados oficiais da OMS. Para cada suicídio, há muito mais pessoas que o tentam a cada ano. A tentativa prévia é o fator de risco mais importante para o suicídio na população em geral. De acordo com as últimas estimativas, cerca de 700 mil pessoas morrem por suicídio todos os anos.[5]

Para meu espanto e certeza sobre a relevância do tema da escuta nos nossos dias, a OMS informa:

> *A maioria dos suicídios é precedida por sinais de alertas verbais ou comportamentais, como falar sobre o desejo de morrer, sentir grande culpa ou vergonha ou se sentir um fardo para os outros. Outros sinais são sensação de vazio, desesperança, de estar preso ou sem razão para viver; sentir-se extremamente triste, ansioso, agitado ou cheio de raiva; ou com dor insuportável, seja emocional ou física.*

Precisamos ter ouvidos para ouvir a epidemia de nossos tempos.

Para se ter uma ideia a respeito do Brasil, segundo dados do Ministério da Saúde de setembro de 2021, entre 2010 e 2019

---

[5] Organização Pan-Americana da Saúde (OPAS). Disponível em: www.paho.org/pt/topicos/suicidio. Acesso em: 5 dez. 2022.

ocorreram 112.230 mortes por suicídio, com um aumento de 43% no número anual de mortes, de 9.454 em 2010 para 13.523 em 2019. Esse mesmo relatório alerta que a adolescência e o início da fase adulta são os principais estágios da vida para o início de comportamentos suicidas. Há uma conjunção de fatores relacionados ao comportamento suicida na juventude, e alguns que se destacam são: sentimentos de tristeza, desesperança, depressão, ansiedade, baixa autoestima, experiências adversas pregressas, como abusos físicos e sexuais pelos pais ou outras pessoas próximas, falta de amigos e suporte de parentes, exposição à violência e discriminação no ambiente escolar.[6]

Não se pode deixar de lado a pandemia de covid-19, que teve efeitos devastadores na saúde mental da população como um todo; e é esperado que muitos deles sejam a longo prazo. Um dossiê científico publicado pela OMS destacou que a prevalência global de ansiedade e depressão aumentou 25% no primeiro ano da pandemia.[7]

Eu não me conformo com esses dados, não me conformo com esse nível de desconexão, não me conformo com jovens tirando a própria vida e virando estatística. É grave. É a doença de nossa geração. Precisamos ouvir essa dor. Minha conversa com o psiquiatra Frederico Félix me atenta para o discurso de médicos integrativos que vêm trabalhando muito próximos a psiquiatras. Busco ouvir.

• • •

[6] Ministério da Saúde. Mortalidade por suicídio e notificações de lesões autoprovocadas no Brasil, *Boletim Epidemiológico*. Disponível em: https://www.gov.br/saude/pt-br/centrais-de-conteudo/publicacoes/boletins/epidemiologicos/edicoes/2021/boletim_epidemiologico_svs_33_final.pdf/view. Acesso em: 5 dez. 2022.

[7] Organização Mundial da Saúde. OPAS estabelece comissão de alto nível sobre saúde mental e covid-19, *Organização Pan-Americana da Saúde*, 6 maio 2022. Disponível em: www.paho.org/pt/noticias/6-5-2022-opas-estabelece-comissao-alto-nivel-sobre-saude-mental-e-covid-19. Acesso em: 24 out. 2022.

Dr. Mohamad Barakat é um dos médicos influenciadores nas redes sociais que mais gosto de seguir. Pra lá de 2 milhões de seguidores, ele mistura muito de suas dicas sobre saúde com práticas de seu dia a dia, o qual ele mantém com muita disciplina. Entre as recomendações que faz diariamente para seus seguidores, está a gratidão. Um sentimento que ele descobriu a duras penas e à custa de muita escuta de si, embora sempre tenha sido um personagem tão falante e enfático nas redes.

Sempre que me encontro com ele conversamos sobre a polarização do mundo. Gosto de conversar sobre isso com um médico. Afinal, o que é um médico senão um curador do coletivo também? Falar e buscar respostas para esse tema tão quente, acredito, faz parte de alguém que busca a cura não apenas do indivíduo, mas também almeja a cura do sistema. Falar sobre a falta de escuta e sobre a gritaria da nossa sociedade é olhar com muito carinho e cautela para o dilema da saúde pública.

Curioso pensar que, se olharmos para a vida de Barakat na juventude, ele poderia fazer parte da estatística de crianças e adolescentes depressivos. Dr. Barakat sofreu forte bullying em sua infância. Quando jovem, era obeso com mais de cem quilos, vivia numa família que adorava comer, festejar e esquecer a dor por meio da comida. Tanto que, quando ele chegava em casa para desabafar com a mãe depois de ouvir tantas ofensas, ambos mergulhavam juntos em mais comida, quibes e frituras típicas da deliciosa culinária sírio-libanesa.

Em determinado momento da vida, Mohamad decidiu romper, decidiu se ouvir e parar com esse ciclo de comer para aplacar a dor. Afinou os ouvidos para o que o mundo estava lhe dizendo e decidiu parar de alimentar as ofensas com a comida.

"A primeira vez que eu precisei me ouvir não foi um encontro com o silêncio, mas com o grito do bullying", ele se recorda.

Barakat entendeu que precisava virar o jogo. Precisava se reinventar. Vindo de uma família simples, apesar do bullying que sofria na escola, sempre teve dentro de si uma voz para o que ele traduz como "vontade de vencer na vida". Barakat aceitou esse chamado interno. Naquele momento de dor, o caminho que encontrou para se fortalecer foi o esporte, apresentado por alguns parentes. "É engraçado como a gente demora para poder entender o silêncio; como demora para ter a maturidade para conseguir ouvi-lo", Barakat reflete. Foi a prática do esporte e do movimento do corpo que fez com que ele, gradualmente, fosse recuperando a confiança em si. "Foi através do esporte que, sem saber, encontrei minha primeira ferramenta de reflexão, de evolução e que uso até hoje, porque me deixa no momento presente". Se durante um jogo de tênis, por exemplo, ele estiver com quatro ou cinco problemas na cabeça, não vai estar no tempo da bola e o jogo se torna impossível. Assim, uma simples partida é um profundo convite à introspecção e para estar no agora. Essa descoberta foi uma dádiva para o médico, que revela ter no esporte também uma ferramenta para esvaziar a mente. Acontece muitas vezes de entrar em quadra com a cabeça cheia; ao longo do jogo, até mesmo desabafando com o colega de partida, o processo de entrar no presente vai acontecendo. Com o esforço, o silêncio interno vai sendo alcançado: no bater da bola, a inspiração vai se conectando com a expiração e, quando menos se espera, já se está conectado com o fluir da vida. "Simplesmente porque você ficou quieto, presente no momento. A partir daí, não tem espaço para a barulheira do passado ou do futuro, tem a conexão com o agora."

Estamos constantemente presos no passado ou na ansiedade pelo futuro. Outra ferramenta poderosa que o médico usa para aquietar a mente é o exercício de agradecer. Barakat tem plena consciência de que vive imerso nos problemas dos outros, como médico que atende de dez a quinze pacientes por dia, que vive num turbilhão de opiniões, mergulhando e trabalhando nas mídias sociais. "Todas essas palavras, tudo o que acontece nas mídias sociais, todos os acontecimentos têm uma frequência, têm sua própria energia. Se não tomarmos cuidado, a gente não vive a nossa energia, a gente vive na frequência alheia; somos atropelados pelos acontecimentos."

> ...
>
> "Todas essas palavras, tudo o que acontece nas mídias sociais, todos os acontecimentos têm uma frequência, têm sua própria energia. Se não tomarmos cuidado, a gente não vive a nossa energia, a gente vive na frequência alheia; somos atropelados pelos acontecimentos."
>
> *Mohamad Barakat*

Com a gratidão, o médico estabeleceu momentos de profundo silêncio, geralmente pela manhã, antes da prática esportiva. Ele faz isso para conseguir filtrar todo o turbilhão de acontecimentos que viveu, tudo o que ouviu de seus pacientes, e toda a carga de informações que absorveu e trocou nas redes sociais. Antes de abrir a caixa de pandora das redes e conversar com seus seguidores, ele permanece nas primeiras horas do dia na busca pela quietude.

Ele acorda, não liga o celular, leva sua filha para a escola e, na volta, faz seu exercício matinal diário de respiração e oração. "Eu pratico a gratidão", ele me explica como isso se tornou sua práxis: exerce a gratidão verdadeira pela vida, pensa nas coisas simples, como a alegria, a saúde dele e da família, pensa em tudo pelo que ele pode agradecer. Faz isso pela manhã, mas também ao longo do dia, quando, durante as consultas, consegue um respiro. Assim, ele se conecta com o momento presente, com a realidade, e não com a expectativa do que poderia ser. É nesse momento matinal que ele define a própria frequência para o resto do dia, algo que dificilmente vai ser abalado apesar de todos os ruídos e barulhos que vai permitir que entrem em sua vida pelas próximas horas, assim que ele olhar o celular, principalmente.

Ele elenca assim essas ferramentas (respiração, agradecimento e esporte) como suas âncoras no silêncio do presente, algo que é seu remédio para a barulheira do mundo: "É por isso que não consigo parar de treinar. Isso nada tem a ver com o tamanho do músculo que vou ganhar, ou com a força que eu vou obter ou com os gramas de gordura que eu vou perder. Praticar esporte é minha oportunidade de, naquelas duas horas, estar feliz, me conectar com a respiração e com a gratidão".

Para Barakat, todas essas sensações são explicadas pela ciência. À medida que começamos a nos exercitar, liberamos neurotransmissores que geram sensação de bem-estar. A endorfina é liberada durante o exercício; a serotonina, no prazer do que estamos fazendo. Com o fim do treino, somos inundados pela dopamina. Com isso, ficamos imersos num universo interno de alegria, de recompensa, de capacidade, de confiança. Assim, fica muito mais fácil se sentar em silêncio para ouvir nossas vozes interiores: elas estarão muito mais harmônicas para se escutar.

O médico acredita que, para conseguirmos de fato escutar nosso silêncio e começar uma empreitada de meditação, por exemplo, é necessário algum tipo de equilíbrio físico prévio, na grande maioria dos casos. Muitos de nós estamos vivendo desequilíbrios causados por má administração daquilo que escolhemos pensar, comer e falar. Isso gera uma série de reações como ansiedade, liberação constante de adrenalina (dependendo dos pensamentos), rinite e sinusite (dependendo do que ingerimos), distensão abdominal, intestino preso. "Muitas pessoas estão perdidas nesse barulho. Não consigo imaginar que um indivíduo inflamado fazendo más escolhas do que comer, beber ou pensar vai conseguir obter o privilégio que é estar em silêncio para poder ouvir melhor o outro e a si mesmo, seu corpo e sua alma." Barakat é contundente nisso.

É como se estivéssemos numa armadilha constante, uma vez que estamos adoecidos e não conseguimos tempo para mais nada a não ser apagar os próprios incêndios. Essa pode ser uma das razões de ser tão difícil sentar-se e meditar para algumas pessoas.

Sei que estamos adoecidos. Já fiz esta pergunta para muitos dos especialistas que entrevistei no programa de rádio: Qual é o caminho para a saúde? Esse caminho precisa ser individual e percorrido por cada um nós; não existe fórmula mágica. No sentido de recuperarmos a saúde física e conseguirmos trilhar um caminho rumo a nosso silêncio, que certamente vai trazer mais escuta do outro também, pergunto para o médico qual saída temos para desintoxicar o corpo. Me parece espantoso como a visão de Barakat coincide com muito do que pregam algumas filosofias orientais sobre a limpeza do corpo para conseguirmos nos aproximar de algum estado de meditação. Na visão do médico, o jejum consciente é uma ótima ferramenta. Há muitas palestras e vídeos dele mesmo explicando como se pode fazer o que se chama de "jejum intermitente".

Para ele, não há maneira melhor para dar paz ao processo digestório do que esses momentos de nada, de vazio com consciência. É incontrolável, para mim, nesse ponto, fazer a comparação dessa ideia com o silêncio. É darmos a oportunidade para o corpo silenciar, dar um reset semanal para que volte a entrar em ação com sua digestão, seu processamento e sua eliminação. Barakat explica que, em sua visão de nutrição bastante difundida nos dias de hoje, o leite e o trigo – mais especificamente o glúten – são agentes extremamente inflamatórios para alguns de nós. "Só depois de tomar conhecimento disso e principalmente praticando o jejum é que se consegue na respiração e na meditação ter paz; é muito difícil evoluir numa meditação num corpo cheio de gases. É por essa razão que muitos abrem mão da carne para uma prática de ioga, por exemplo." Ele insiste na tecla de que precisamos de um intestino tranquilo para sermos um canal em que o silêncio possa fluir e não ficar truncado por funções biológicas malfeitas ou incompletas. Má digestão também causa ruído. O cérebro tem uma ligação nervosa direta com o intestino, é importante lembrar.

Dr. Barakat fica feliz ao refletir que hoje, nessa nossa conversa, ele próprio consegue elaborar mais e melhor o conceito do silêncio para ele. Hoje, mais maduro, tendo passado por tantas experiências físicas e da alma também, conclui que a maturidade é essencial nessa busca pela paz interior que vai culminar com uma escuta mais apurada do outro e de si mesmo. Ele acredita que há diversos momentos na vida em que vamos escutar o silêncio de maneira diferente; é preciso estar afinado, ter o desejo de escutar. Ele sente que "hoje a sociedade está escutando muito mais o adoecimento do que buscando ferramentas para evoluir".

Ainda pontua sobre a necessidade de atentarmos para as noites de sono, tema fundamental para nossa conversa. A capacidade de concentração está muito ligada à qualidade do sono; precisamos estar em uma relação harmônica com o ciclo circadiano. Há uma relação forte do ser humano com o dia e a noite. Deveríamos acordar com o raiar do dia, harmonizando com esse momento o pico de cortisol, o pico de testosterona, com a primeira onda de serotonina. À medida que escurece, outros neurotransmissores e hormônios vão entrar em ação. O comportamento ansioso tem nos roubado dessa conexão com a natureza; estamos agitados à noite – sem dormir, muitos usam álcool e drogas, estão mergulhados no estresse. Durante o dia, por outro lado, muitos vivem cansados, à base de café e estimulantes. Precisamos de uma vez por todas escutar esse desequilíbrio e tomar uma atitude.

"Se estamos doentes, como podemos estar em silêncio para ouvir nosso melhor?", Barakat provoca. Ele acredita que, diante de tudo isso, estar em silêncio nos dias de hoje é um privilégio de poucos. Em sua visão médica que conecta o alimento como grande fonte de saúde, acredita que a busca pela evolução está mais ligada à renúncia e à exclusão de alimentos que nos fazem mal do que no encontro de um superalimento para ingerir, que seria a panaceia e a cura para tudo. A pandemia agravou alguns comportamentos: muitas pessoas passaram a ingerir mais álcool, a trocar a noite pelo dia, a fazer do aplicativo de comida seu melhor amigo. Tudo isso para fugir do silêncio, na interpretação do médico, porque o silêncio incomoda quando estamos nesse lugar de desarmonia. Vira um círculo demasiadamente vicioso.

De um médico que, no bullying, escutou um chamado, me parece emergir um recado importante para a nossa e as futuras gerações.

> *Ser o gordinho da escola é muito triste. É sempre ser o último escolhido para o time de futebol. É ser aquele que sobrava. O esporte me incluiu, mas não resolveu o problema. Passei de gordo bobo para gordo louco, já que, depois de emagrecer, fiquei muito agressivo com meus colegas; não tinha ainda resolvido a questão. Quando mudei de escola, me percebi outro garoto. Eu consegui usar a provocação como minha motivação. Esta foi a primeira lição que transformou minha vida.*

Barakat aprendeu a ouvir seus opositores com consciência e oportunidade, não como revide. Ele brinca que tem gratidão em relação aos meninos do bullying porque hoje o "tiozão" (Barakat está com 59 anos de idade) está saudável e cada dia mais em harmonia consigo mesmo. Será que conseguimos fazer esse exercício na vida cotidiana com as diversas provocações que sofremos? É muito forte a pergunta que me vem depois dessa conversa. No caso do médico, os nós provocados pelo bullying não foram fáceis de desatar. Ao longo do dia, todos sofremos diversos atentados, são inúmeros os gatilhos de estresse e ofensas. Como reagimos às adversidades é o que nos diferencia. Barakat insiste que trabalhar o corpo é uma das ferramentas mais potentes para nos ajudar. Ele insiste na tecla do jejum como o silenciamento do corpo que nos ajuda a silenciar a mente. É um exercício de escolha. "Se não conseguimos escolher o que colocamos na boca, vamos conseguir escolher muito poucas coisas na vida."

Depois de uma conversa tão prática e lúcida, fui buscar mais ferramentas para conseguirmos olhar nesse espelho com mais alegria, vermos com mais nitidez, ouvirmos de maneira mais clara. Depois de mergulhar no bullying e ver que a volta por cima é possível com uma escuta de si mais afinada, que tal investigarmos o diálogo e como pode se dar a escuta do outro para não cairmos mais nas armadilhas dos ruídos do discurso? A segunda parte deste livro trata disso.

PARTE II

O silêncio

"Posso não ter outras virtudes e realmente não as tenho. Mas sei escutar. Direi, com a maior e mais deslavada imodéstia, que sou um maravilhoso ouvinte. O homem precisa ouvir mais do que ver. Qualquer conversa me fascina, e repito: não há conversa intranscendente."

Nelson Rodrigues

5.
Paisagem sonora

> *"Se alguém diz algo que me ofende, mas estou centrada em aprender a viver, vou tomar o que essa pessoa me falou como um mecanismo para entender o que me ofendeu e por que aquilo que foi falado me atingiu. Primeiro, rapidamente, investigo: há algo de verdadeiro naquilo que não quero enxergar? Há algo do que foi falado que eu também acredito, mas não admito para mim mesma? Passamos, então, para uma segunda etapa da reflexão: Por que eu dou poder para que o outro me ofenda? Se dou poder para que o outro me ofenda, sou uma pessoa muito vulnerável."*
>
> Lia Diskin, jornalista, comunicadora, criadora da Associação Palas Athena

É muito claro para mim que precisamos falar sobre diálogo para falarmos sobre escuta e silêncio. Se pensarmos nos paradoxos da vida, vemos que as situações contêm, em si, seu oposto e seu remédio. Uma pessoa extrovertida pode ser uma pessoa que acolhe seu silêncio, já uma pessoa quieta pode apenas estar fugindo.

Atualmente, muito se discute a respeito de como nos comunicamos, de como nos expressamos, de como colocamos a nossa voz. Uma criança tímida não tarda a despertar preocupação em seus pais. Pessoas respeitadas, cada vez mais, são aquelas que sabem se expor e têm muitos seguidores – na maioria das vezes conquistados à base do grito e do envolvimento em polêmicas.

Este capítulo não tem como objetivo falar sobre o que agrada o mercado. Em vez disso, tem como foco discorrer acerca de uma vida mais plena da pele para dentro, é sobre o aprimoramento de nossa interface com o viver – o viver íntegro, saudável, consciente.

Eu me propus a fazer um mergulho com uma pesquisadora da comunicação. Lia Diskin é argentina, estabeleceu-se no Brasil fugindo da ditadura. É uma mulher conectada com a ciência e com a espiritualidade. Nossa conversa é entremeada por referências bibliográficas. Um horizonte ainda mais vasto se abre para mim. Neurocientistas franceses, espanhóis, estudiosos austríacos, americanos, o mundo na fala de Lia se apresenta como uma busca pelo entendimento da escuta e sua potência.

A jornalista conduz nossa deliciosa conversa com sotaque portenho explicando-me que precisamos diminuir o abismo que existe entre o que eu digo e o que o outro escuta. Mas como fazer isso?

Ela começa me contando sobre as teses do neuropsiquiatra francês Boris Cyrulnik, criador do conceito de "resiliência" e que há pouco tempo publicou um livro sobre como o ambiente externo esculpe o cérebro. Ele faz um tratado sobre o papel que a memória desempenha quando o assunto é a escuta e o que entendemos do que ouvimos. "Você já parou para pensar que não ouvimos apenas o que sai da boca do outro, mas também o sentido de vida e a internalização que temos sobre aquela pessoa?", Lia me questiona. Em outras palavras: no que falamos e escutamos estão embutidos nosso olhar de mundo, nossa vivência, nosso entendimento da vida, preconceitos e histórias passadas.

Minha sugestão é pararmos um segundo para pensar a respeito disso.

Lia continua seu raciocínio, esclarecendo que grande parte dos mal-entendidos entre as pessoas se deve justamente a esse fator: a memória e a imagem internalizada que cada um tem do interlocutor, como algo que se interpõe nas relações entre eles e nos diálogos que se dão a partir disso. Isso é fundamental para nosso entendimento. É inevitável questionar como se dão os encontros diante de tal compreensão: encontramos a pessoa que está na nossa frente ou encontramos a pessoa que supomos que ela seja?

Olho para a minha vida e percebo quantos enganos já foram cometidos justamente pela minha falta de capacidade de parar por um ou dois segundos e entender o que o outro queria me dizer. Quantas vezes tomamos como pessoal uma fala em que o outro está apenas desabafando sobre si mesmo ou falando sobre uma ideia, e entendemos como um ataque, reagimos sem conseguir perceber que ali havia um diálogo, e não um monólogo sobre nossa própria história?

Quantas vezes consigo respirar por um ou dois segundos antes de responder para meu interlocutor e avaliar não só o que ele está falando, mas também por que ele fala aquilo? Essa é uma habilidade e merece treino.

Proponho-me a fazer esse exercício com os grupos de mães da escola. Cada uma fala sobre o próprio filho como o centro do universo, ignorando que a outra mãe à sua frente também tem um filho que considera o centro do universo. Se as duas mães não abrirem mão de seus próprios centros, uma conversa produtiva fica muito difícil. Por sorte, muitas de nós desenvolvemos essa habilidade com o tempo e os grupos de mães acabam se tornando grandes encontros de trocas, crescimento e sororidade.

Veja como um simples grupo de mães ao se propor a exercer uma escuta inteligente e ativa pode se tornar um espaço de acolhimento e troca. Isso vale para discussões políticas e corporativas, vale para qualquer diálogo – o que é diferente do choque, da competição ou do afastamento. Mas não é da noite para o dia que viramos a chavinha e passamos a escutar o outro sem julgamento. Não. Lia me explica que esse trabalho demanda prática e treino para qualificar a escuta. E é aí que o silêncio entra como ferramenta.

Se eu me disponho a ouvir o outro, eu tenho que necessariamente silenciar as vozes que estão querendo responder ao que o outro está falando enquanto o outro, de fato, fala. Como se dá essa superposição? Algumas perguntas são importantes nesse exercício: Eu estou ouvindo o outro ou estou me ouvindo? Estou entregue ao que o outro me diz ou estou entregue ao que eu quero ouvir a respeito do que o outro diz?

O silêncio é generoso nesse sentido. Se eu não consigo cultivar algum tipo de silêncio dentro de mim e aquietar as vozes internas enquanto o outro está falando, eu não consigo compreender nem a profundidade nem as motivações da fala do meu interlocutor. Lia complementa: "Não apenas as palavras e as memórias estão envolvidas numa conversa, mas a sonoridade da fala. A palavra sozinha não tem significado pleno. A palavra tem sentido de acordo, também, com o tom usado quando se fala".

...

O silêncio é generoso nesse sentido. Se eu não consigo cultivar algum tipo de silêncio dentro de mim e aquietar as vozes internas enquanto o outro está falando, eu não consigo compreender nem a profundidade nem as motivações da fala do meu interlocutor.

É inevitável não pensar na superficialidade que as redes sociais estão promovendo em relação a nosso entendimento, como bem mencionou Claudia Feitosa-Santana neste livro. Estamos deixando de treinar as sutilezas e a complexidade da linguagem, o potencial da linguagem.

Como jornalista, percebo que as pessoas estão perdendo a capacidade de entender ironia e outros sentidos dados às palavras nesse "tom" que podemos usar. Em nossa conversa, Lia Diskin começa a falar várias palavras com tons diferentes para que tenhamos claras as diferenças de sonoridade e sentido. Quanto dessa capacidade de entendimento perdemos quando começamos a nos habituar a ouvir, por exemplo, conversas e vídeos em velocidade dois?

Em casa, meu marido começou com essa mania e eu passei a refletir sobre o assunto. Eu mesma gosto de falar quase como que cantando uma música, dando muito do sentido para o que falo com meu tom de voz. Talvez porque meu ofício de rádio exija isto: conduzir as pessoas por ideias também pela melodia, já que, em tese, não temos imagem. Quanto disso se perde com a tecnologia que nos faz ganhar tempo? Quem ganha de fato com isso?

Chegamos até aqui depois de muito aprimoramento de fala, diálogo e linguagem. A fonética é um estudo a serviço da linguística. Para entender sobre esse assunto, faço uma pausa e converso também com a linguista Beatriz Raposo de Medeiros. Logo na introdução de sua tese de doutorado, resultado de uma pesquisa sobre o canto e a cognição, ela aponta:

> *Somos seres sonoros. Tão refinadamente sonoros, que desenvolvemos habilidades maravilhosas para*

> *produzir som, como a voz. É um pouco arriscado dizer isso aqui, pois corremos o risco de fixarmos a ideia de que a voz é apenas um produto acústico, ou sonoro. A voz é muito mais do que isso, já que para produzi-la temos de coordenar uma série de sistemas do nosso corpo. Simplificando: músculos respiratórios, laríngeos e faciais bem como a língua e a mandíbula e demais articuladores são convocados para falarmos (e/ou cantarmos) as frases mais simples até as mais complexas. [...] Vejam: somos todos seres sonoros e musicais.*[8]

Na conversa com Beatriz, descubro que ela é fã de rádio e que adora ouvir a emissora em que trabalho. Eu amo quando me falam isso. Ela diz que liga logo cedo o rádio para ouvir o jornal da CBN, que sempre apresenta entrevistas com políticos por volta das 7 horas da manhã. "Você percebe de cara se um político quer ou não responder a uma pergunta pela entonação e pela qualidade de voz", ela ressalta.

Não é sempre que se percebe essa má vontade apenas pela qualidade de voz de uma pessoa. Mas a voz "crepitante", segundo a estudiosa, é muito estudada. "Muitas atrizes de Hollywood têm essa característica quando, ao fim de uma frase, a pessoa emite um som mais grave e prolongado. Estudos mostram que essa qualidade de voz passava uma impressão de displicência." Ou seja, o tom de voz também passa informação sobre nós.

Há nessa linha diversos estudos a respeito da qualidade de voz:

---

[8] MEDEIROS, Beatriz Raposo. O canto fala mais: da acústica à cognição. 2021. Tese (Doutorado) – Faculdade de Filosofia, Letras e Ciências Humanas da Universidade de São Paulo, São Paulo, 2021.

Este é um termo técnico que se usa na ciência da fala que estuda qual o tipo de voz que está sendo emitido; uma voz modal, uma voz rouca, uma voz mais fina, irritante... Como conseguimos produzir esses tipos de voz? A qualidade de voz atinge muito nossa percepção sem percebermos. Acontece, por exemplo, quando ficamos irritados com alguém e percebemos que a voz da pessoa é que está muito forte, muito alta.

Fica claro, portanto, que há muito mais em jogo do que podemos supor na comunicação e no diálogo entre as pessoas. Variados fatores estão envolvidos, com os quais podemos estar atentos. E não só isso, essas situações podem nos servir como um belo exercício de atenção plena. Como no caso que Beatriz expôs, sobre uma pessoa poder nos irritar não pelo que ela fala, mas pelo tom de sua voz no momento da fala.

Beatriz Raposo complementa que, tanto a entonação quanto a qualidade de voz, que é como a voz é percebida, são fundamentais para a comunicação. Uma voz melodiosa pode mostrar uma pessoa mais engajada, que consegue passar mais coisas para o outro. Uma pessoa que exagera nessa melodia pode passar a mensagem de ser falsa ou irritante.

Estudos na linguística também se debruçam sobre a fala direcionada para crianças; algo que foi traduzido como "manhês": uma forma de comunicação que se caracteriza pelo investimento afetivo que costura os laços entre a mãe e o bebê. É uma fala mais melodiosa, com mais pausas; podendo até ser mais lenta. Esse é um estudo importante para os linguistas, segundo Beatriz: "A criança está imersa num universo enorme de estímulos de linguagem, mas a fala do cuidador, o manhês, é fundamental para a aprendizagem da linguagem dela para com o mundo e para desenvolver a escuta da criança".

A produção de fala tem inúmeros recursos para que o interlocutor possa entender. Mas será que queremos que o outro nos entenda? É quando saímos da fonética e entramos na psicanálise, segundo ela.

"Entre o que eu penso, o que eu quero dizer, o que eu digo, o que você ouve, o que você quer ouvir e o que você acha que entendeu há um abismo."

Alejandro Jodorowsky

Embora a fala seja fundamental, o foco deste livro é mais no que ouvimos do que no que dizemos. Porém é muito importante entender esse mecanismo sublinhado por Lia e Beatriz, pois, sabendo de tudo isso, não só conseguimos ouvir melhor, mas também percebemos mais as intenções na fala do outro ou até mesmo algo de "mecânico" num tom de voz que possa chegar como um ruído.

Uma simples conversa pode se tornar um fascinante exercício de atenção plena. Passamos a nos responsabilizar muito mais pela eficiência da conversa estando dispostos a fazer o diálogo acontecer, percebendo as tantas armadilhas no caminho para nos desviar do foco, que é a conexão com o outro em comunhão com o autoconhecimento. Com esse tipo de informação, podemos treinar o papel de maestros de nossos encontros.

Mas para isso é fundamental se lembrar do papel que a memória exerce na comunicação, como comentamos anteriormente. As lembranças do que vivemos e do que somos é fundamental para sermos donos do nosso silêncio; para entendermos e aprendermos sobre o que é nosso e o que é do outro. E até mesmo o que nos incomoda tanto.

Se nossa atenção não estivesse carregada de memórias, como eu poderia compreender o mundo? Como poderia entender o meu entorno de acordo com minha cultura?

Segundo o psiquiatra Boris Cyrulnik, o ambiente em que vivemos e crescemos molda nossa estrutura cerebral. Para ele, existem três ambientes de crescimento. O primeiro é o ambiente imediato do bebê: o líquido amniótico, a química. O segundo é o afetivo: a mãe, o pai, a família, a vizinhança, a escola. E o terceiro é o ambiente verbal: os relatos, os mitos. E esse último também participa da escultura do cérebro.[9]

Isso quer dizer que, quando julgamos o outro sem levar em conta tantas variáveis que o compõem, sua cultura e sua história, apelamos para a superficialidade, não para a capacidade humana de tradução da vida. Para Lia Diskin, esse julgamento precipitado é uma forma de não escuta porque, via de regra, é construído a partir de variáveis criadas por nós no passado que se interpõem entre o outro e nós mesmos, menosprezando e desqualificando o que o outro tem a dizer.

Nesse sentido, pergunto a Lia: O que seria a escuta ativa? Assim como Claudia Feitosa-Santana, ela acredita que saber

• • •

[9] BASSETS, Marc. Os adolescentes mais afetados pela pandemia terão depressão crônica quando adultos, *El País*, 31 out. 2021. Disponível em: https://brasil.elpais.com/internacional/2021-10-31/boris-cyrulnik-os-adolescentes-mais-afetados-pela-pandemia-terao-depressao-cronica-quando-adultos.html. Acesso em: 20 out. 2022.

ouvir é mais uma habilidade do que uma inteligência: "é uma *tékhne,* como diziam os gregos". Ouvir é um talento que o ser humano tem em potencial, mas que, se não praticar, não se desenvolve. É como o ofício da música, ela lembra. Todos nós temos a capacidade de tocar uma flauta, mas nem todos queremos tocar flauta. Acariciar o estojo do instrumento tampouco nos dará proficiência. Ter esse talento ou essa inteligência tem que entrar necessariamente no campo da ação. Se a capacidade de escuta não cria musculatura, ela existe apenas como potência, mas não como ação.

...

Todos nós temos a capacidade de tocar uma flauta, mas nem todos queremos tocar flauta. Acariciar o estojo do instrumento tampouco nos dará proficiência. Ter esse talento ou essa inteligência tem que entrar necessariamente no campo da ação. Se a capacidade de escuta não cria musculatura, ela existe apenas como potência, mas não como ação.

Pego-me pensando novamente, então, sobre qual musculatura estamos criando dentro de nossas bolhas de interesse, dentro da cultura do cancelamento – esta praticada a todo o momento, na política e nas redes sociais, dentro dos espectros de direita e esquerda, em que não se costuram pontes. Se antigamente a religião e os regimes políticos totalitaristas exerciam o papel de interditar o diálogo com suas inquisições e perseguições, hoje o cidadão comum também o faz, tendo como palco e combustível as redes sociais. Linchamentos virtuais acabam com reputações num coliseu digital. A velocidade com que uma pessoa pode ser cancelada é exponencial a nossa inabilidade crescente de dialogar. Precisamos de uma nova cartilha de conduta baseada em novas práticas de comunicação que permitam a troca com o outro de maneira menos belicosa, impositiva e narcisista.

Lia lembra do professor Rubem Alves, em um de seus geniais escritos, que diz que temos muitos cursos de oratória, mas não temos cursos de escutatória. "Ou seja, ele parte do princípio de que, se tenho técnicas para ganhar competências na fala, também devo ter técnicas para ganhar competências na escuta".

Tudo parece muito bonito e fácil quando falamos sobre a beleza de escutar o outro, de ter a paciência e o discernimento para isso. Este livro só existe porque esse é um dos desafios mais difíceis de nossa era, um treino a ser exercitado pelo resto da vida. Receber o que o outro tem para dar muitas vezes não é e não será fácil, e jamais quer dizer que, à medida que avançamos nessa empreitada, não haverá mais brigas e viveremos numa sociedade passiva em que todos se entendem. Obviamente não. Acredito que exista uma maneira mais inteligente até mesmo de brigar, sem precisar linchar ou destruir a reputação do outro que pensa diferente. É a esse lugar que desejo chegar.

A entrevistada deste capítulo é conhecida por ter trazido Dalai Lama, líder espiritual do Tibete, algumas vezes ao Brasil. Muito conectada com o que chama de "cultura de paz", Lia também se conecta com os ensinamentos de Gandhi, sobre a não violência. Me agrada muito uma das reflexões de Gandhi sobre o termo *ahimsa*; ele dizia que passou a combater a violência pelo mundo, pois era demasiada a violência dentro dele próprio. Foi por se reconhecer tão violento que ele passou a trabalhar esse conceito. Lapidando a si mesmo, é impossível não passar a, de alguma forma, lapidar o mundo ao redor.

Mas hoje, quando as pessoas se expõem nas mídias, desejam passar a imagem de que já estão acabadas, são e desejam ser influenciadoras. Influenciadoras de quê? Do que você deve comprar e consumir. Quem nos influencia a *ser*?

Estar em contato com quem nos ofende, irrita ou envergonha e saber como se comunicar ou silenciar de forma a influenciar o outro a ser diferente passa por um treino absurdo de si mesmo. É mais difícil e trabalhoso. Acredito que, num mundo tão ruidoso, o silêncio é o ingrediente interno que faz com que a calma necessária para a não ação objetivando a reflexão aconteça.

...

Num mundo tão ruidoso, o silêncio é o ingrediente interno que faz com que a calma necessária para a não ação objetivando a reflexão aconteça.

Toda essa elaboração vai acontecendo cada vez mais rápido à medida que treinamos. Com isso, em etapas seguintes, ganhamos a capacidade de até devolver uma provocação de forma serena. Mas para chegar a esse ponto é preciso serenar internamente o que causou raiva ou irritação. Por acaso você recebe um presente que não gostaria de ganhar? Você é capaz de devolver ou trocar na loja. Com a provocação acontece o mesmo. Se parar por um ou dois segundos, além de ouvir com atenção o que foi dito, você pode ser capaz de rebater com uma pergunta, de maneira calma e objetiva, como: "Por que você me disse isso?".

Quando chega a onda de insulto, você precisa treinar para acalmá-la dentro de si e ser o agente que vai pacificar a comunicação. Lia Diskin me lembra que nas últimas décadas fomos ensinados a dar respostas rápidas a tudo, fomos condicionados a isso. Ninguém quer esperar nada, basta ver as conversas pelo WhatsApp. As pessoas estão todas num ritmo frenético, vivendo em velocidade dois.

"Estamos embriagados na alta tecnologia, com tudo o que os humanos são capazes de criar. O mundo financeiro explora isso muito bem." Lia aponta a embriaguez, mas acredita que as novas gerações estão um pouco mais conscientes desse torpor e desse ritmo insalubre. Há jovens, por exemplo, saindo de centros urbanos, procurando por ecovilas ou cidades mais aprazíveis. É preciso olhar para esses movimentos, já que não são isolados, segundo ela. A pandemia da covid-19 talvez tenha acelerado esse fenômeno, permitindo um uso mais saudável da tecnologia com o trabalho a distância.

A possibilidade de acompanhar o florescimento da vida, seja um ipê ou o crescimento dos filhos, passa num piscar de olhos, pois estamos dentro de carros correndo de um lado para o outro. Isso quer dizer que o carro é ruim? Obviamente não. Mas o uso que fazemos das ruas reais e virtuais talvez esteja muito acelerado e não nos permita ouvir o pulso da vida. Como desacelerar e bancar uma vida mais orgânica, e nem por isso menos eficiente?

Precisamos, sim, ser realistas. Para alguns, o silêncio é um tormento. Você que está lendo estas palavras pode estar agora mesmo sentindo o peso dele. Chegar em casa e, em vez de aproveitar o deleite do vazio, correr para ligar a TV, o rádio – até mesmo o barulho de eletrodomésticos é um sintoma. Quando somos condicionados a legitimar a existência a partir dos estímulos externos, o silêncio pode ser mesmo torturante.

E o que é em grande parte a indústria do entretenimento, se não isso? Obras intensas, violentas. Nunca me esqueço de uma palestra a que assisti com uma professora indiana em Nova York, em que ela dizia que não nos alimentamos só do que comemos. Precisamos vigiar tudo o que colocamos para dentro; o que vemos e o que ouvimos. Lia Diskin se espanta com isso e com a infância. "É muito preocupante que uma criança não tenha acesso a um tipo de divertimento suave, calmo, alegre." Ela alerta que, se as crianças não têm um momento em que há o deleite de partilhar do suave, delicado, sutil, haverá gerações muito aflitas e conflituosas, como as que já observamos. Entretanto, ela reforça que o antídoto a isso são as pessoas e os movimentos por uma vida mais devagar, uma vida *slow*, como a permacultura e o uso da bicicleta nas cidades.

No fim, me vejo diante de possibilidades e por isso peço a Lia que mostre algum caminho no treino da atenção plena em busca do silêncio ou dessa escuta qualificada. Minha intenção é, conversa a conversa, somar conhecimentos para compor um manual de diversas ferramentas para vivenciarmos a escuta das mais diversas formas. Aprender a ouvir com todo o corpo, com toda a atenção.

Lia, então, me apresenta o treino da paisagem sonora. Ela me diz que sempre estamos imersos em uma. Seja na montanha, na praia ou na cidade. Perceba agora isso, os sons de onde você está. Enquanto conversamos, o som de um avião adentra minha paisagem, que já estava permeada pelo som da chuva, de obras na rua, algum tipo de furadeira, e carros passando pelas poças no asfalto. O treino consiste em observar, perceber, ouvir. Nada disso deve incomodar. Preferir o som do silêncio não nos faz ter repulsa ao barulho do avião, das obras ou dos carros e motos. Começamos a perceber a quantidade de estímulos aos quais estamos sujeitos. Você já parou para perceber que até mesmo a TV ligada no mudo produz algum tipo de som que altera a nossa paisagem sonora?

O conflito é necessário e saudável. Quais são os limites para a própria selvageria? É preciso errar e saber olhar para os próprios erros para conseguir alguma espécie de aperfeiçoamento. Nesse sentido, morar numa grande cidade, que apresenta seus paradoxos, barulhos e dilemas, pode ser um tempero ainda mais forte para o nosso lapidar. Não precisamos sair da cidade. É nela que vai se dar o grande treino. Tampouco é necessário ter uma prática religiosa, mas, se você tem alguma, certamente o exercício do silêncio pode ajudar no mergulho do profundo sentido transcendente.

Lia ainda acrescenta que a paisagem sonora em que estamos imersos pode nos oferecer segurança, conforto ou inquietação. Como decifrar esse ambiente? Tranquilo ou alerta? Estamos instintivamente identificando esses sons, mas não de maneira consciente. Portanto, a ideia é nos tornarmos conscientes disso. Como? Lia ensina:

> *Quando acordar, antes de qualquer movimento que eu possa fazer, posso reservar cinco minutos ainda na cama para apenas perceber quais sons chegam até mim. É natural que eu tenha o desejo de colocar nomes nesses sons – buzina, carro, pessoas falando, ônibus andando, o banheiro do apartamento de cima. Mas, se eu conseguir me manter sem nomear e só deixar que os sons cheguem até mim, tenho o exercício ideal. Tentar apenas registrar o som com sua intensidade. Qual sensação que ele produz em mim? Esses sons me acariciam ou me agridem? Abraçam ou chegam como um soco, uma invasão? Quais os leques de emoções que esses sons acordam em mim?*

Assim, segundo Lia, podemos colocar a paisagem sonora em prática a todo o momento: podemos ficar exatamente na posição que acordamos, parados, quietos, reservando cinco minutos para esse momento de intimidade. Esse mesmo treino pode ser feito quando estamos esperando amigos que virão nos visitar. Ou ainda, mais cinco minutos agora, fazendo uma breve pausa na leitura deste livro. Talvez mais cinco minutos antes de almoçar. Sempre que nos recordarmos, podemos tirar esses pequenos bolsões de tempo para perceber os sons que nos envolvem.

O ponto principal é que, quando isso vira hábito, outras práticas mais qualificadas podem começar. Porém a rotina precisa ser desenvolvida, isso precisa ser ativado em nós, porque, por outro lado, a reação aos sons que podem ser amigáveis, amedrontadores ou perigosos já está ativada. Esse instinto está disponível. Todo o resto nós precisamos cultivar, segundo a especialista.

Pergunto para Lia se, por acaso, essa é uma prática que também ajuda na escuta do outro, se ajuda a suportar alguma fala que chegue de maneira atravessada e, ainda, se ajuda a entender as sutilezas de uma conversa. Lia acredita que sim, porque a técnica consiste em registrar os sons, mas não se deixar capturar por eles. Um treino que nos ajuda a não sermos sequestrados pelos próprios pensamentos, memórias e afazeres quando ouvimos algo. Se treinamos com sons cotidianos, estamos mais aptos a fazer o mesmo quando nos chega uma conversa que nos parece equivocada: ficamos mais ancorados no presente para organizar as próprias ideias.

Irritação não é paisagem sonora, ela enfatiza. Irritação é uma reação emocional ao som de uma britadeira que está continuamente operando, por exemplo. Se voltarmos para a paisagem sonora, lembramos que é só uma britadeira. Isso nos habilita a permanecer onde estamos e nos permite, numa conversa com alguém, focar o que a pessoa está falando e não aquilo que eu gostaria de ouvir, ou de responder a ela, Lia Diskin garante.

Quantas vezes nos pegamos fazendo isso?

Por exemplo, enquanto uma pessoa fala, eu foco meus pensamentos e o desejo de resposta, e acabo perdendo o que a outra pessoa está dizendo. Ficamos escutando a nós mesmos para não esquecer de dizer o que queremos. Se fôssemos autossuficientes, não precisaríamos buscar diálogo e interação com outras pessoas. Mas, como não somos, percebemos em algum lugar dentro de nós que a riqueza da vida depende da riqueza do que se tece junto aos outros. Segundo Lia, a partir dessa percepção podemos caminhar mais conscientes para o encontro com o outro.

Mas e os quietos demais? Aqueles que buscam pouco ou muito pouco os outros. Será que o silêncio é sempre uma virtude?

Lia Diskin reflete que nunca devemos descartar nessa análise o campo familiar em que a pessoa cresceu e se desenvolveu. Se quando criança uma pessoa era altamente criticada e reprimida, pode se tornar um adulto introspectivo; foi a maneira como se adaptou para sobreviver. Em contrapartida, se estava em um ambiente acolhedor, estimulante e afetivamente nutrido, essa pessoa pode ter o intenso desejo de se expressar e se expandir. Para entendermos o que significa nosso silêncio, é muito importante, segundo Lia, avaliarmos qual o hábitat que estivemos inseridos no florescer da vida na infância.

Fato é que a quietude em si mesma não é tenebrosa nem luminosa. O silêncio perante um ato de injustiça ou exclusão é tenebroso. Sabemos perfeitamente onde esses silêncios descambaram ao longo da história. Porém estar quieto no ato da contemplação do mundo obviamente tem um caráter luminoso.

Terminamos essa conversa e me sinto inspirada. Lia me envia uma vasta bibliografia para que eu possa me aprofundar no meu silêncio. Quero saber perceber quando meu silêncio é contemplação ou alienação, quando é aprimoramento do meu ser ou uma fuga da realidade. Sigo caminhando por mais técnicas e filosofias ancestrais, conhecendo e conversando com pessoas que realizam e estudam diversas práticas que possam me ajudar nessa descoberta.

"Nossa habilidade de escutar os demais depende, em primeiro lugar, da nossa capacidade de ouvir, com compaixão, a nós mesmos."

Thich Nhat Hanh

Bibliografia sugerida por Lia Dinski

BOHM, David. *Diálogo, comunicação e redes de convivência.* São Paulo: Palas Athena, 2005.

BOJER, Marianne Mille; ROEHL, Heiko; KNUTH, Marianne; MAGNER, Colleen. *Mapeando diálogos:* ferramentas essenciais para a mudança social. Rio de Janeiro: Instituto Noos, 2010.

BUBER, Martin. *Eu e tu.* São Paulo: Moraes, 1974.

MORIN, Edgar; CYRULNIK, Boris. *Diálogo sobre a natureza humana.* São Paulo: Palas Athena, 2012.

ROSEMBERG, Marshall. *Comunicação não violenta.* São Paulo: Ágora, 2006.

TORRALBA, Francesc. *A arte de saber escutar.* Lisboa: Guerra e Paz Editores, 2010.

6.
O silêncio como ferramenta para o budismo

"Eu tinha uma procura. Eu sempre tive uma procura. Com vinte e poucos anos, comecei a questionar o que é a vida, o que é a morte e o que estamos fazendo aqui, o que é Deus. Nessa procura, comecei a ler filósofos, como Nietzsche, que me influenciaram bastante. Depois, mergulhei nos Upanishads, escrituras filosóficas hindus. No Bhagavad Gita também. Encontrei nos Estados Unidos o Self Realization Fellowship, do Paramahansa Yogananda, onde iniciei minhas práticas meditativas. Entre os exercícios, acordávamos e fazíamos exercícios de energização do corpo. Sentávamos e ficávamos olhando durante dez, quinze minutos, para um quadro que continha um desenho de um círculo e um triângulo no meio; com aquilo, tínhamos um foco de atenção.

Quando encontrei o Zen, eu havia acabado de ler um livro sobre 'ondas mentais alfa'. Esse livro explicava que, quando entramos no estado de meditação, o cérebro começa a emitir ondas alfa em vez de beta. Beta são as ondas emitidas quando estamos acordados. Trata-se de entrar num momento intermediário entre o relaxamento e o sono, mas com a pessoa ainda não adormecida. É nesse estado alfa que as áreas da inteligência, memória, criatividade, inspiração, percepção sensorial e intuição atuam. Nesse livro, um monge zen era entrevistado e seus entrevistadores afirmavam que a ciência

já era capaz de usar eletrodos para induzir esse estado de meditação. No que ele responde: 'Se a ciência diz que é possível, é porque é possível. Mas por que entrar em meditação pela janela?'. Essa frase me pegou. Pensei: 'Quero ter esse controle! Não preciso de um eletrodo, não preciso de um chá: eu quero ter consciência de como eu entro e saio desse estado'.
Fui procurar o Zen. Encontrei o Zen de Los Angeles, onde fiquei. Fez sentido para mim. A primeira coisa que me disseram quando cheguei foi: 'O que você veio fazer aqui? Aqui você não vai encontrar o que você veio buscar, não'. Não havia nada daquele 'seja bem-vinda, namastê, você vai se iluminar a partir de agora'. Não foi nada disso."

Monja Coen, primaz fundadora da comunidade zen-budista Zendo Brasil e missionária oficial da tradição zen-budista Soto Zenshu, com sede no Japão

É muito comum, hoje em dia, falarmos sobre quietude e a associarmos à meditação, às práticas orientais, ao budismo e afins. Há certo modismo por trás disso, uma estética que vem sendo construída para nós no Ocidente, influência da mídia e da contracultura.

Tenho receio quando um assunto começa a ser massificado, pois de um lado temos a positiva discussão sobre ele, mas, de outro, a negativa superficialidade com que o tema passa a ser abordado. Como jornalista, por caminhos da vida focados em buscar práticas de autoconhecimento e saúde, sempre gostei de experimentar as práticas em pauta antes de escrever ou falar para o público.

Em uma de minhas primeiras reportagens sobre o budismo num templo no centro de São Paulo, meu entrevistado, um monge que também é jornalista, me lançou ao fim de nossa conversa de horas: "Você ouviu bem tudo o que falei até agora?".

"Sim. Ouvi atentamente."

"Pois não acredite em nada do que eu disse. Experimente."

Esse diálogo me marcou. Vindo de um monge jornalista, conhecido e respeitado âncora de rádio, meu entrevistado naquele dia falava sobre meditação. Isso aconteceu por volta de 2008. Eu tinha 26 anos de idade.

Posso passar páginas e páginas aqui contando para você sobre as maravilhas do silêncio, ou apontando como nossa sociedade narcisista e cacofônica pode ser prejudicial. Posso entrevistar os maiores especialistas do planeta e você pode se encantar com as palavras e algumas das reflexões aqui expostas. Mas, se você não procurar a própria experiência sobre escutar inteiramente o outro ou estar consigo mesmo para escutar seu silêncio, eu sinto que você não vai conseguir alcançar o objetivo, a dimensão do que estamos buscando.

Eu procuro alargar minha percepção, conquistar atalhos para a cada dia me plugar numa vida mais serena. Conheço Monja Coen há cerca de catorze anos, antes de seus milhões de seguidores no Instagram. Conheço a Monja da mesma época em que fiz essa entrevista com meu colega jornalista que dizia: "Não acredite em mim, experimente"; uma das máximas de Buda.

O budismo nasceu na Índia, foi para a China e para o Japão, e hoje se espalha por todo o mundo. Monja Coen segue a linha zen-budista do Soto Zen, que significa simplesmente "sentar-se".

Missionária oficial dessa tradição no Brasil, ela teve formação inicial em Los Angeles, nos Estados Unidos, e completou o mestrado no Mosteiro Feminino de Nagoya, no Japão, onde foi noviça e monja oficial por doze anos. Fundadora dessa linha por aqui, mora numa casa com outras monjas no bairro do Pacaembu, zona oeste de São Paulo, ao lado do famoso estádio da região. Esse desenho não poderia ser mais perfeito para nossa conversa.

Eu gostaria de ter tido essa conversa pertinho dela, olho no olho, como já fizemos algumas vezes. Mas ainda em uma pandemia que atingiu todo o planeta, todo o cuidado é pouco. Minha querida entrevistada é uma monja conectada, e conversamos por Skype.

Como já nos conhecemos há anos, depois de tantas e tantas entrevistas que já travamos juntas, iniciamos a conversa como amigas. Monja logo começa a me explicar que o budismo tem muitas correntes.

"O que fazemos em Zazen? Sentamos em silêncio. Por que silêncio? Porque em silêncio eu posso ouvir melhor." Mas com "ouvir melhor" Monja não se refere a ter uma sala de meditação à prova de som. Os sons fazem parte da vida. Com esse silêncio, ela quer dizer ter o treinamento de ouvir os sons internos. "Os sons internos que também fazem parte da vida; eu posso aprender a ouvi-los e entendê-los. Exatamente o que você faz como entrevistadora", ela explica.

Monja nos convida ao mergulho em sua prática. Ela me conta que, primeiramente, treinou para ouvir os sons externos e reconhecê-los. Uma motocicleta, um avião, uma pessoa, um passarinho. "Quando você ouve, não precisa pensar se é bom ou ruim, se é bonito ou feio, se gosta ou não gosta daquele som."

O treino, segundo ela, consiste em apenas ouvir e reconhecer o que é. Internamente, passa-se da mesma forma. Temos inúmeras vozes internas, inúmeros pensamentos, memórias. Tudo isso pode aflorar durante o processo meditativo.

Com o treino desse silêncio, passamos não apenas a ouvir e reconhecer essas vozes como também a escolher quais vozes e pensamentos internos queremos estimular e quais deles não devemos alimentar. O processo da meditação e do silêncio meditativo nos leva à capacidade de prestar mais atenção, de ouvir de maneira presente, perceber as vozes internas e externas, e saber diferenciar o que devemos e o que não devemos estimular.

"Nós temos a capacidade de escolher o que ouvir."

Monja Coen

Podemos estar numa sala, agora, com carros passando do lado de fora e pássaros também. Podemos escolher ouvir os pássaros e deixar os carros passarem como pano de fundo. Mas posso fazer o contrário e ficar irritada e reclamando dos carros que passam. Em realidade, tudo o que acontece é a música da vida e cabe a mim treinar minha escolha.

...

Podemos estar numa sala, agora, com carros passando do lado de fora e pássaros também. Podemos escolher ouvir os pássaros e deixar os carros passarem como pano de fundo. Mas posso fazer o contrário e ficar irritada e reclamando dos carros que passam. Em realidade, tudo o que acontece é a música da vida e cabe a mim treinar minha escolha.

Monja me conta como foi a chegada do centro de meditação que ela coordena para uma casa que fica ao lado do estádio do Pacaembu, em São Paulo. E foi muito difícil. Barulho do trânsito, dos carros. Na praça do estádio, gente com buzinas fazendo um barulho danado. Nos fins de semana, batucada. Monja pensou que poderia ficar louca morando ali. Porém, em determinado momento, falou para si mesma: "Se eu não for capaz de acolher esse som, vou ficar neurastênica. Moro em uma cidade grande. Não adianta eu achar ruim. Posso deixar esses sons como pano de fundo e não como aspecto principal da minha atenção". A vida levou para ela um prato cheio para sua própria prática de meditação.

Ela teve a experiência exata de que escolhemos onde queremos colocar nossa atenção auditiva. Porém faz um alerta: precisamos ter cuidado, pois somos ligeiros para fazer escolhas erradas. Devemos prestar atenção às escolhas que não são benéficas. "Se estou entre duas pessoas falando, eu preciso ouvir os dois pareceres. Os dois são importantes."

Para ilustrar isso, Monja relata a linda passagem dos pássaros em sua janela, no período que querem acasalar. Eles começam a cantar de madrugada para atrair as fêmeas. Não era assim no passado. Mas hoje os pássaros se adaptaram para cantar num momento em que não haja barulho dos carros, para que eles sejam ouvidos. Nós somos como os pássaros, também buscamos a todo o momento nos adaptar.

"Precisamos sair desse lugar do 'gosto e não gosto' para poder ouvir e entender o ponto de vista de pessoas diferentes de nós."

Monja Coen

O Zazen propõe o treino para a escuta sem julgar. É tão incrível a correlação de uma prática milenar como o budismo com uma ciência tão recente, como a psicanálise. Enquanto entrevisto Monja Coen e ela me conta sobre suas ferramentas, relaciono ao que já debatemos neste livro com a psicanalista Fernanda Hamann, quando ela explicava sobre o que Freud chama de "juízo de existência".

Assim como os psicanalistas, Monja Coen recebe muitas pessoas que estão em busca de aconselhamento, praticantes que querem estudar com ela. "Preciso ser capaz de escutá-las para entendê-las e não para projetar minhas ideias em cima do que elas dizem." Monja me relata o desafio que é ouvir para entender quem é aquela pessoa na sua frente.

Na literatura budista existe um bodhisattva – um ser iluminado – chamado Kannon. Monja me explica que esse nome desfragmentado quer dizer "aquela que observa em profundidade [kan] os sons [on]". Ou seja, ela não ouve os sons, ela "vê" os sons do mundo, enxerga as necessidades verdadeiras do mundo e as atende.

Kannon é o símbolo da compaixão ilimitada para o budismo. "A compaixão precisa ser tão simples e intuitiva como quando você está dormindo, um travesseiro lhe escapa e, intuitivamente, você o puxa de volta." Precisamos ter a capacidade de perceber os lamentos do mundo, e isso só pode se dar pelo aprimoramento da escuta. Precisamos ter sempre em mente o que podemos fazer para que a realidade seja menos dolorosa. Nossa capacidade de escuta não diz respeito apenas a nosso aparelho auditivo. Eu preciso perceber a realidade e perceber com todos os meus sentidos o que o mundo diz para mim.

Assim, a meditação é uma forma de treinar essa qualidade de escuta profunda e transformadora de realidades. Não é para que eu seja mais feliz, mas para ajudar o mundo a ser um pouco melhor. A meditação não é um treino para chegar a algum lugar, é uma prática, é a própria jornada de vida pela qual passamos e desejamos nos aprimorar.

Me identifico demais com todos os termos e propostas colocadas pela Monja. Minha profissão me permite ter esse desejo de que, escutando mais, eu seja melhor profissional. Mas, quando o trabalho pode extrapolar para a minha vida, obviamente uso minha profissão como álibi para tentar de alguma forma ser uma pessoa melhor.

Na visão de mundo da Monja e pela filosofia budista, a natureza-buda está em todos nós. A meditação, portanto, serve para treinar algo que já é nosso, a nossa natureza desperta humana. Porém, ainda que essa natureza esteja aqui, ela precisa ser ativada para ser manifestada. As duas ferramentas para ativar o melhor de nós são a prática meditativa e a prática da atenção plena.

Como isso acontece na vida real, na prática do dia a dia?

Monja Coen me conta que com a atenção plena eu posso treinar prestar atenção a cada mínimo detalhe de minha vida, desde como caminho, como toco um objeto, qualquer situação.

> *Quais são seus sons no mundo? Como você anda?*
> *É pisando forte? Quando você se senta em uma*
> *cadeira, você se joga ou senta-se delicadamente?*
> *Você costuma bater as portas na hora de fechar?*
> *Ou será que você consegue fazer sons muito*
> *sutis e bem delicados? Que a sua presença no*
> *mundo seja tão sutil que quase não seja percebida,*

mas, ao mesmo tempo, que você esteja atuando profundamente no seu processo de transformação.

O depoimento da Monja Coen no início deste capítulo sobre como se encontrou com a meditação e a maneira como foi recebida no centro Zen de Los Angeles contrasta demais com a nossa realidade dos coachings de Instagram que desejam nos vender fórmulas prontas para a felicidade e a iluminação. Nunca acreditei nelas.

Visitar a Monja em seu espaço de meditação é o oposto disso. É adentrar um ambiente austero, silencioso, mesmo ao lado de um estádio de futebol. É mergulhar numa busca de praticantes que são pessoas comuns, muitas não religiosas, que desejam algo tão bonito quanto simples.

No início de suas práticas, Monja Coen colocava um relógio na frente de si; era muito difícil meditar. Cinco minutos não passavam, eram uma eternidade. "Era um horror tudo aquilo. Como ficar quieta? Como ficar parada?" Foi com o treino que ela percebeu que era possível avançar. A tal da persistência. Cinco minutos logo se tornaram seis, sete, dez. Quando ela foi capaz de ficar durante vinte minutos em meditação sozinha, decidiu que era hora de procurar uma comunidade de praticantes que meditassem mais: 35 minutos. A força do grupo nos ajuda demais a avançar, ainda mais com pessoas que têm o mesmo propósito que o nosso.

Isso me lembrou da minha própria história. Quando eu tinha 28 anos, decidi passar o Carnaval num retiro de ioga. Seriam alguns dias praticando, meditando e fazendo silêncio. A ideia era, de fato, não conversar com ninguém. Eu já era âncora de rádio, e ficar alguns dias sem falar me parecia uma coisa boa.

Eu havia acabado de terminar um longo relacionamento e achava positivo conseguir fazer um balanço de vida. Para a minha surpresa, o silêncio não me abalou. Cheguei com medo ao local onde ficaria hospedada, embora já conhecesse o professor de ioga e sua esposa. Era a experiência que me amedrontava. Meu corpo apresentou alguns sintomas durante o retiro, certamente psicossomáticos; passei quase toda a vivência com sinusite, o nariz completamente entupido, bastante incômodo somado a tudo novo que eu estava vivenciando.

A partir do terceiro dia, as práticas meditativas ficaram mais tranquilas, não porque fossem mais fáceis, mas porque meu corpo e minha mente já estavam resistindo menos ao que era proposto. Acho que entrar em silêncio tem muito a ver com nossas resistências, com algum tipo de medo de sermos e estarmos ali, sem objetivo algum; apenas ser e estar. Não somos ensinados a trilhar esses caminhos.

Minha experiência foi marcante. Lembro-me disso como se fosse ontem. Depois deste, fiz mais alguns retiros.

Quando Monja Coen me conta sobre sua primeira experiência em retiro, me lembro de como tudo aquilo era familiar para mim, poderia ser eu mesma falando sobre a minha vivência. "Doía o corpo, doíam as costas, a cabeça girava para mil lugares diferentes. Mas eu me propus a ficar e fiquei até o fim. Em vários momentos eu pensei em desistir." Todos nós pensamos. Acho que é da natureza da mente nos desafiar. Mas ao longo do tempo ela percebeu que estava acontecendo muitas mudanças internas. Nesse momento, Monja Coen passou a meditar todos os dias.

Naquela época, ela era uma "pessoa normal", jornalista formada, morava em Los Angeles e trabalhava no Banco do Brasil.

Ia tão cedo para a sala de meditação que os responsáveis lhe emprestavam a chave para abri-la. A meditação se tornou algo regular em sua rotina. Um dia, se deu conta de que era isso que dava sentido à sua vida. "De repente, sentar-me em silêncio me fazia encontrar respostas para todas as perguntas que eu tinha. Houve momentos em que consegui revisar toda a minha vida. Coisas boas e más que aconteceram passaram a não existir com julgamento dentro de mim. Consegui enxergar que aquela era a tapeçaria da minha vida."

Tornou-se uma busca por tomar as rédeas da própria vida, não arranjar mais culpados. Entender como cada peça de sua vida se encaixava para compor a mulher que ela se tornou. A experiência de se aprofundar na meditação fez com que ela fosse capaz de entender que nós somos responsáveis por construirmos a própria jornada. Ela relembra: "Quando tudo isso começou, eu tinha o cabelo comprido como o seu. Era magrinha. Fazia três horas de balé clássico todos os dias. O balé me ajudou muito nessa empreitada porque com a dança você desenvolve consciência do corpo. Ele lhe ajuda a suportar a dor. Uma aula de balé pode ser muito dolorosa".

Nesse ponto da conversa, outra janela se abre para mim. Quão disposto você está a bancar suas dores, e não apenas anestesiá-las das mais diversas formas? Seja com drogas, álcool, comida, entretenimento ou... falatório nas redes sociais. Nesse ponto, conecto-me diretamente com o que dizia meu primeiro entrevistado, Leo Fraiman, sobre o culto à felicidade que nos torna cada vez mais narcisistas e, por sua vez, mais surdos. Dói ouvir a nossa dor. Mas pense comigo: Como é possível curarmos a nós mesmos se não nos propusermos a fazer um diagnóstico do que dói e onde dói?

> **...**
>
> Quão disposto você está a bancar suas dores, e não apenas anestesiá-las das mais diversas formas?

Depois do meu primeiro retiro, meus feriados de Carnaval nunca mais foram os mesmos. Ano após ano, eu procurava destinos para praticar ioga e vivenciar de maneiras diferentes meu silêncio. Não entendia que não precisava buscar fora. Mas a ideia de estar num centro ou num outro país com outras pessoas fazendo o mesmo que eu me dava força para continuar. É a tal da força do grupo que Monja Coen me explicava anteriormente e que pude sentir na pele. Até alçarmos nossos voos solo, podemos usar as muletas do mundo para caminhar da forma mais correta. Não precisamos ser orgulhosos nem prepotentes nessa jornada.

É normal que o mundo a nosso redor mude quando começamos uma prática tão forte que nos leva para o silêncio. Como disse a neurocientista Claudia Feitosa-Santana, o mais interessante da meditação é o pacote que podemos escolher com ela: melhorar a alimentação, as práticas esportivas, as relações.

Fazendo boas escolhas, começamos a perceber melhor o que de fato deve participar de nossa vida. Há pessoas que querem mudar de trabalho, há outras que querem mudar de relacionamento, outras pensam em sair da rotina para viver um ano sabático. Eu acredito que não há necessidade de fazer grandes movimentos. A própria vida nos leva ou nos encaixa no que é para ser de fato vivido.

No caso daquela menina em Los Angeles que tinha tantas perguntas e que praticava balé, aos poucos a rotina da meditação foi impedindo que ela voltasse para as aulas de dança. A sala de Zazen começou a se tornar seu território de prática. Ela relembra: "Quando eu comecei o Zen, eu não tinha mais tempo de ir para o balé. Começou o balé interno de conhecer a mente. A prática dos exercícios para a minha mente, os alongamentos:

expansão de consciência. E que às vezes doem também. Incomodam bastante".

As pessoas acham que meditar é gostosinho e que "traz paz". Sim, a paz uma hora chega. Mas não é estática, tampouco confortável. É um estado dinâmico de ver e perceber os incômodos e as delícias, mas não entrar em estado de euforia ou depressão pelo que acontece fora. O comando é interno. A mente é o condutor, ela não fica seduzida pelos desvios de fora. Mas para chegar até esse ponto o treino é fundamental. "É como no balé. Você precisa forçar a musculatura, o alongamento dói e incomoda, mas depois que você alonga é gostoso, pois você passa a fazer coisas que não fazia antes."

Faço um complemento: uma mente treinada pelo silêncio consegue fazer um barulho estrondoso de transformação em um mundo confuso e caótico sem perder o prazer de sua quietude. Esta é a grande alegria do treino.

> *"Você começa a perceber que você é a vida da Terra. Você está em comunhão com tudo. O silêncio é essencial para alcançar essa percepção. Precisamos ir além da palavra."*
>
> Monja Coen

Engana-se quem pensa que fazer uma escolha pelo silêncio implica virar monge ou viver uma vida inteira em retiro. Claro que conto aqui sobre a vida clássica de uma monja; desejo, claro, que algum ponto da história dela sirva para nos inspirar. Mas seja lá a maneira como decidimos implantar essa postura mais perceptiva ou silenciosa, precisamos nos reeducar. É preciso ter claro o que desejamos desenvolver em nós mesmos.

Enquanto, ao fundo, passava uma moto e seu ruído emoldurava nossa conversa, Monja Coen me ensinava que essa reeducação acontece muito mais pelo treino do que pela leitura ou por qualquer outra atividade intelectual, como assistir a vídeos e palestras. "É sentar-se em silêncio, você com você mesmo, deixando sua mente observar sua própria mente."

Quando estava na sala de prática em Los Angeles, não era permitido olhar para o lado ou trocar palavras com outra pessoa. Em seishin a instrução é sentar-se, olhar para baixo e manter o silêncio para intensificar o processo do autoconhecimento que transcende o "eu".

O autoconhecimento é o conhecimento da vida e do todo. Mas precisa começar por algum lugar, assim, o começo deve ser por nós mesmos. Nessa investigação, podemos sondar e perceber o que estamos fazendo aqui e qual nossa conexão real e pragmática com nosso entorno.

...

O autoconhecimento é o conhecimento da vida e do todo. Mas precisa começar por algum lugar, assim, o começo deve ser por nós mesmos. Nessa investigação, podemos sondar e perceber o que estamos fazendo aqui e qual nossa conexão real e pragmática com nosso entorno.

Claro que o caminho da autopercepção, da escuta e do silêncio é absolutamente pessoal. Um professor desempenha um papel fundamental quando se fala da aplicação de uma técnica como a meditação. É necessário que se tenha essa guia, pois, à medida que o processo avança, desconfortos podem aflorar. É para guiar e, muitas vezes, dizer que está tudo bem que esse professor vai estar ali. Deparar com o vazio pode ser assustador para algumas pessoas, mas delicioso para outras. Monja compara o processo a aprender a nadar. "Tem que ter alguém que lhe ajude nessa jornada. Precisamos de treinamento quando vamos fazer esses mergulhos profundos na essência da mente e na essência do ser, que é esse grande silêncio, esse grande vazio universal. É como você entrar no mar sem saber nadar; não pode."

Quando escrevi a introdução deste livro, atentei para o bombardeio de informações e vozes que estão a todo o momento nos estimulando. Tenho certeza de que é assim com você. Como conseguir focar em algo se a realidade a todo momento me empurra para a distração?

É possível usar essa realidade como uma espécie de academia para fortalecer minha atenção plena?

É possível. Podemos ter uma escuta seletiva por meio do treino da atenção plena. E fazer esse tipo de escolha, fortalecer esse poder, é um dos treinos mais nobres. Monja me ensina que não é todo livro que chega para ela que ela lê, assim como não são todas as pessoas que telefonam para ela que ela atende. "Tenho que fazer essa seleção. Tem um monte de *fake news* circulando por aí; eu seleciono o que eu devo repassar. Eu preciso rever as fontes de onde estão vindo as informações. Tudo isso também é um treino. Ouvir com neutralidade é um ouvir que vai pesquisar e investigar o que é verdade."

Ouvir é receber. E nesse ponto da conversa entramos numa seara que muito me interessa: a reatividade. Quando ouço alguma informação ou algo de que não gosto, o que eu faço? Como reajo? Você já parou para perceber qual é sua atitude, tanto quando ouve algo muito bacana quanto quando ouve algo repulsivo? Você repassa sem pensar? Você reage com agressão?

Se somos capazes de filtrar o que nos chega, tanto grandes e efusivos elogios quanto agressões que machucam, alcançamos um patamar interessante de domínio da realidade. Adquirimos uma espécie de poder. Gosto muito dessa ideia. Acredito que a escuta nos confere poder. Tanto que grandes conselheiros são sempre bons ouvintes.

Monja conta de maneira divertida que certa vez era entrevistada em uma rádio. Antes dela, entrevistaram uma jovem vegana. Em vários momentos falando sobre sua opção por não consumir nada de origem animal, a jovem afirmava que a monja poderia explicar mais sobre o assunto. Quando chegou a vez de a monja falar, o entrevistador iniciou a conversa perguntando: "A senhora é vegana?".

"Não."

"É vegetariana?"

"Também não. Eu acredito que tudo é vida. Uma cenoura também é vida. Poucos no mundo conseguem escolher suas dietas. Isso é um modismo de elite."

Monja perdeu muitos seguidores depois desse episódio. Foi chamada de "monja fake" por alguns dos ouvintes. Conta sorrindo que alguns praticantes até mesmo pararam de frequentar a comunidade, pois acharam que ela era, pelo menos, vegetariana. Mas, em meio aos ataques, recebeu um e-mail bonito. Um senhor lhe escrevera contando as razões pelas quais ele havia escolhido o veganismo e dizendo que respeitava as escolhas dela. Monja respondeu agradecendo; eles nunca mais se falaram. Ela conclui: "Isso é diálogo. Você tem seu ponto de vista, eu mostro meu ponto de vista. Você não precisa se convencer do meu. Eu não preciso me convencer do seu. Mas esses dois pontos de vista podem conviver em harmonia".

Uma harmonia que só pode ser construída com, volto a frisar, treino. Não podemos estar no modo reativo e conseguir manejar situações como essa. Precisamos do treino desse poder. A prática é o que nos transforma em tudo na vida. Na escuta também. Escute teu silêncio agora. Quantos minutos você consegue ficar com você?

Monja sublinha para mim: "Todos somos seres despertos, mas, se não há prática, não há realização. A prática é o que nos transforma; transforma nossa audição, nossa visão, nossos sentidos, nosso entendimento de que somos seres despertos. Pensar que não somos despertos é ilusão. Mas, se não praticarmos como seres despertos, não vamos ter a experiência do ser desperto".

Falamos aqui de uma prática que já foi vivenciada por outras pessoas que despertaram para essa dimensão mais completa de ser e estar no mundo, da mesma maneira que bons tenistas, bons nadadores ou bons músicos se tornam bons, pois jogam, nadam e tocam. Eu só vou ter esse olhar mais abrangente da realidade se praticar o olhar desperto. Isso não é privilégio de alguns poucos. É a prática daquele que se propõe a buscar a verdade, no entendimento da Monja.

Talvez aqui o Zen nos ofereça uma isca que nos faça entender a grandiosidade da escuta e do silêncio. Me agrada essa ideia, pois temos menos um manual e mais uma orientação de conduta de vida: a prática da escuta é a realização e a realização é a prática; ou seja, nunca estaremos acabados. Nunca chegaremos a um momento em que vamos dizer: "Cheguei, aprendi, finalizei".

Para mim, esse conceito é quase como um remédio, um antídoto àquele narcisismo que mencionamos nos capítulos anteriores. É a ideia de que podemos e devemos ter uma busca maior que nós mesmos, maior que nossos espelhos. A partir dessa busca, passamos a entender que vamos seguir a vida buscando, nos aprimorando, caindo, questionando, buscando novamente e aprimorando nossa condição humana, em última instância. A vida sempre vai nos surpreender quando estivermos operando nesse modo; somos todos estudantes dessa escola chamada "vida".

E, quanto mais sabemos, mais percebemos que não sabemos quase nada.

Quando encontramos a quietude interior, percebemos que somos pessoas comuns. Se você sente que se tornou uma pessoa diferente das outras, é porque você está num estágio intermediário. No estágio mais profundo da quietude, conseguimos nos misturar com todos. Você não é especial nem diferente. A frase de Buda no momento de sua iluminação, depois de uma semana em silêncio sentado embaixo de uma árvore: "Eu, a grande Terra e todos os seres juntos, simultaneamente, nos tornamos o caminho", relata minha convidada.

"Não é ser equilibrado, é ser equilibrista", Monja vai encerrando nossa conversa com outra frase que me toca no fundo da alma, do grande psiquiatra brasileiro José Angelo Gaiarsa. Sinto que com esse modelo de sociedade que temos hoje queremos sempre ter a razão, mostrar que somos os mais corretos, iluminados, os mais equilibrados. Até mesmo no decorrer da leitura deste livro, podemos sentir que somos detentores de alguma verdade, de alguma ferramenta poderosa para sermos mais do que alguém. Este livro é sobre mim e sobre você, não sobre o outro. É sobre sabermos que a escuta não pode nem deve nos tornar prepotentes, apenas mais presentes e aptos a nos relacionar com o mundo, ferramenta para aprimorar nossos talentos.

O benefício com a grande escuta, por meio do silêncio, é estarmos sensíveis aos paradoxos e às contradições da vida. Quando temos essa dimensão, percebemos o quanto é importante calar e ouvir mais, entendemos que política e religiosidade são melhores quando pessoas maduras operam seus mecanismos; pessoas maduras sabem e aprendem a ouvir para o bem da própria humanidade e não de seu narcisismo. Quem pensa diferente de mim me desafia, me instiga, me provoca. Que triste vida é essa em que falamos e nosso próprio espelho nos responde?

Uma pessoa que silencia se torna senhora de si, não é alguém facilmente manipulável. Mais do que tudo e, para mim, um valor essencial: não é uma pessoa que tem pressa para a resposta imediata. Com isso, se torna uma pessoa que vai tomar decisões mais acertadas.

A meditação, a escuta e o silêncio podem nos servir para entendermos que não precisamos ter razão ou vencer qualquer briga para sermos felizes, plenos e abundantes. Precisamos, sim, ter consciência do palco e do roteiro que a vida nos oferece para aprendermos a ser mais de nós mesmos. Felizes ou tristes, somos seres humanos, com nossos momentos de afeto, barulho, ruídos. Somos pessoas feitas de carne, ossos e imperfeições.

Desde o nosso nascimento nos tornamos estudantes da vida. Espero que essa vida não transcorra em velocidade dois, que tenhamos o desejo e a busca por entender mais o mundo em que vivemos. Para fazermos melhores escolhas: desde a pessoa com que se relacionar, a escola de nossos filhos, a resposta para aquele e-mail grosseiro do chefe até as falas polêmicas do presidente da República. A meditação pode nos ajudar a voltar algumas casas, apreciar a beleza do caminho, que é ouvir o pulso da vida e entender onde deve morar a nossa ação contra as injustiças, mentiras e afrontas.

"Para mim, Deus é isto: a beleza que se ouve no silêncio. Daí a importância de saber ouvir os outros: a beleza mora lá também."

Rubem Alves, "Escutatória"

· ·

Livro sugerido sobre silêncio e budismo

HANH, Thich Nhat. *O milagre da atenção plena*: uma introdução à prática da meditação. Petrópolis: Vozes, 2018.

7.
Escutas ancestrais – judaísmo

> *"Eu preciso do silêncio para poder me encontrar. Eu não consigo me encontrar cercado de gente o tempo inteiro. Preciso ficar sozinho. Gosto de ficar na natureza. Tem um livro de Rabbi Nachman de Breslov que fala sobre meditação – Se eu quiser falar com Deus é o nome da tradução em português. Com esse livro, aprendemos a ir para a natureza, subir e rezar para Deus. Repetindo essa reza, conseguimos nos conectar com o divino. É preciso "subir" para que Deus o ouça. Antigamente eu conseguia fazer isso muitas vezes. Hoje não consigo mais."*
>
> Elie Horn, empresário e filantropo brasileiro

Em minha busca, nas entrevistas e pesquisas, me surpreendi ao descobrir que não só filosofias orientais trazem técnicas e orientações sobre meditação e escuta. O judaísmo, que tanto influencia nossa cultura ocidental, tem uma série de rezas e textos sobre esse assunto, tanto que uma de suas principais preces, "Shemá Israel", quer dizer: "Escuta Israel". As crianças são ensinadas a rezar o "Shemá" todo dia antes de dormir. Essa é considerada a oração mais importante para essa tradição espiritual. Explico as razões a seguir.

Escute.

Mariana Gottfried é judia sefaradi. Conheço Mariana da escola da minha filha e da sinagoga que frequentamos, pois meu marido é judeu. Ela é educadora e trabalha com treinamento de professores e como coordenadora da área judaica. Os sefaraditas são judeus originários da Espanha e de Portugal, da península itálica, do norte de África e dos países árabes, com tradições e costumes próprios. Historicamente, as mulheres não tinham lugar de protagonismo público entre eles. Havia, sim, muito respeito e protagonismo dentro das casas, mas as rezas públicas não eram feitas por elas.

Porém, em sua família, Mariana teve a sorte de crescer entre mulheres que sempre buscaram voz própria e um papel ativo. Foi apresentada a visões judaicas pluralistas tanto por meio de sua mãe e avó quanto por seu bisavô. Ela, desde pequena, entendeu que deveria se apropriar de seu judaísmo e se aprofundar nele para conhecer suas raízes e tradições. Numa época em que o feminismo não era esse forte movimento dos dias de hoje, as mulheres de sua família já eram criadas com a ideia de que poderiam e deveriam ser o que quisessem.

Em meio a isso, Mariana decidiu estudar ciências judaicas e dedicar sua vida à educação judaica. Hoje é professora do seminário rabínico – que forma os rabinos – e nos últimos 25 anos se dedicou à formação de educadores formais e não formais. Seu caminho é ensinar. Ela se casou com Adrian, que é rabino da Comunidade Shalom, e ambos formam um casal que tem como missão a disseminação de uma visão judaica pluralista, agregadora, moderna e consciente.

Ela me fala algo muito bonito sobre sua história: durante a infância, o pai passava o dia inteiro trabalhando. A noite era o momento mais esperado, pois ele chegava para fazê-la dormir e rezar o Shemá Israel – *Shemá, Israel. Adonai Eloheinu, Adonai Echad* [Escute, Israel. Adonai é nosso Deus, Adonai é um]. Mariana foi crescendo com esse ritual, que instalou sua conexão de amorosidade com o pai e com a prece. Sem racionalizar o que significava, ela tinha a construção daquele espaço de afeto, conversa e intimidade com o pai. À medida que foi crescendo, foi também aprendendo a dimensão espiritual do que aquele momento e o Shemá significavam.

Mariana reflete que, pela lógica, qualquer outro comando poderia ser pedido ali para os judeus, poderia ser qualquer outro verbo: "Faça, Israel", "estude", "se comporte" ou "cumpra". Mas não. A máxima pedida para os descendentes da tradição judaica é: "Escute, seu Deus é único".

Por que "escute"?

Mariana Gottfried, com seu lindo e nato tom professoral, me ensina sobre a tradição judaica que se baseia e se organiza em um Deus que não se vê, "é um Deus que a gente escuta". Na Torá, livro sagrado dos hebreus, Ele se apresenta a todo o momento falando, ordenando, comentando e, às vezes, por meio de sons. "A gente precisa aprender a descobrir Deus através da escuta."

Quando crescemos, nos desenvolvemos e nos educamos ouvindo tanto uma mesma expressão que, de alguma maneira, a entronizamos; vira um valor a ser buscado e investigado.

Mari me pergunta: "Como a gente ouve Deus?". Para poder responder a essa questão, ela me diz que precisamos estar dispostos a treinar, fazer exercícios e desenvolver a capacidade de escuta.

Por um lado, somos muito influenciados pela filosofia grega, da estética, da imagem, de "ver o belo", "ver a arte". Tanto que existe aquela famosa frase: "Ver para crer". Essa não é a mensagem judaica, Mariana destaca. Com isso, ela foi crescendo e se desafiando a aprender como a escuta acontece. Por outro lado, ela vem de uma família de contadores de histórias – algo comum em famílias judaicas que passam muitos de seus valores e de suas tradições por meio das palavras. Para quem deseja inspiração nesse sentido, recomendo fortemente o livro *Os judeus e as palavras*, do escritor israelense Amós Oz.

Ela me diz que um bom professor no judaísmo tem que ser um bom contador de histórias, porque esta é uma tradição organizada na contação de histórias. "Há histórias para tudo; toda semana lemos histórias. E, quando terminamos uma história, começamos a ler de novo. E podem nos perguntar: 'Você não já ouviu, vai ouvir de novo?'. Sim, pois isso nos leva à possibilidade de treino para ouvir sempre de uma maneira diferente". No fundo, são mitos, caminhos e estratégias para exercitar a máxima primeira do judaísmo, Shemá Israel, escute.

Fico pensando em nossa cultura atual. Quais histórias e legados sobre nossa geração estamos contando, deixando para a história? Quem está nos ouvindo? Se está tudo na nuvem, podemos estar perdendo a possibilidade e a oportunidade de ouvir mais? Deixo essa pergunta para nossa própria reflexão e sigo com Mariana. Ela me provoca dizendo que, para aprender a fazer perguntas, precisamos aprender a ouvir. Nesse momento, logo me lembro de estar com o saudoso educador Rubem Alves em entrevista, ele que sempre repetia uma máxima: "Inteligência é saber fazer perguntas".

Eu jamais poderia imaginar que para o judaísmo esse era um valor tão importante. Mariana me fala que o exercício da escuta das mulheres de sua família também foi importante para ela, que adorava se deitar no colo da bisavó enquanto a matriarca lhe acarinhava e contava histórias e mais histórias sobre a tradição judaica. Ainda de maneira quase transgressora, sua bisavó aprendeu com o pai dela – que era rabino – sobre o Talmude, a coletânea de livros sagrados dos judeus, registro das discussões rabínicas referentes a lei, ética, costumes e história do judaísmo. "Era revolucionário", Mariana se emociona.

Isso a ajudou desde criança a assumir o lugar da escuta e do encantamento por ela. Com a escuta das histórias de família, Mariana teve a capacidade de se sentir proprietária de sua cultura tanto quanto os homens o eram – e apenas eles eram até então. Certamente, isso lhe conferiu grande entusiasmo no mergulho em sua própria raiz.

Ter acesso a essa escuta traz uma grande novidade. A partir do momento em que as mulheres podem ouvir e se apropriar das histórias de sua comunidade, têm a oportunidade de serem igualmente proprietárias delas. Com isso, podem contar essas histórias como protagonistas e da maneira como elas enxergam a realidade, algo impensável tempos atrás. O que as mulheres falavam nem mesmo era registrado – é só fazer uma breve busca por textos sagrados, com seus protagonistas e patriarcas –, não apenas no judaísmo. Elas foram silenciadas durante boa parte da construção de nossa cultura.

O judaísmo é reflexo do que acontece no mundo. Se há cerca de cem anos não se ouviam as mulheres é porque o mundo também não as ouvia. É justamente nesse período, concomitante ao início das forças de discussões sufragistas e feministas, que, dentro da religião, as mulheres começaram a buscar sua voz. E, segundo Mariana, o judaísmo está conseguindo ouvi-las: "Hoje em dia estamos ouvindo as opiniões das mulheres em relação aos textos da tradição, sejam eles da Torá, sejam textos mais amplos. E temos inúmeras interpretações a partir da voz da mulher".

A pergunta que não quer calar diante desse relato: todos querem ouvir a voz da mulher? Não. Todos abrem esse espaço para a escuta do que a mulher tem a dizer? Não. Mas existem muitos outros espaços que sim – grupos que estão criando a possibilidade para que isso aconteça, que acreditam que a escuta da voz da mulher enriquece a existência. Entretanto, seguem existindo grupos que ainda acham que a voz da mulher é uma transgressão ou algo vinculado à sexualidade.

Essa é a sorte do momento atual, uma vez que permite a nós, mulheres, escolhermos quais espaços queremos habitar. Mariana se lembra do filósofo, escritor e pedagogo austríaco naturalizado israelense Martin Buber, que dá muita ênfase à ideia de que não há existência sem comunicação e diálogo. "Esta é a importância da escuta para deixarmos de ser 'eu-isso' para nos transformarmos em 'eu-tu' e passarmos a nos relacionar com o outro."

Rezar é escutar?

Rezar é a base das religiões. Uma espécie de conversa com Deus. Mariana diz que rezar a ajudou muito a se constituir como ser humano. Quero entender essa relação tão profunda. Eu, que tenho muita dificuldade para rezar e sempre tive muita resistência com rituais religiosos, me interesso de maneira particular por essa parte da fala de minha entrevistada. A reza funciona para ela como uma ferramenta para estar na vida, para estar consigo mesma.

Mariana ensina que a palavra usada para a ideia de rezar em hebraico se traduziria para o português em algo como "rezar--se". Em português, não falamos assim. Portanto, temos outra definição complementar: no hebraico, a ideia seria você rezar você, você se transformar a partir daquele ato de fala e conexão. "Se a reza não vai criar algo novo em você, é apenas uma declaração de palavras, não um exercício espiritual." Para que seja esse o exercício, no ato de rezar é preciso se ouvir para se transformar.

...

"Se a reza não vai criar algo novo em você, é apenas uma declaração de palavras, não um exercício espiritual."

Mariana Gottfried

Nessas rezas, há três diferentes forças de pronúncia que precisamos equilibrar: existe a força do que está escrito e que nós mesmos colocamos ênfase naquilo que possa ser importante em determinado momento da vida; existe a força do que é falado em momentos comunitários e em momentos individuais; e existe a força da reza em voz alta ou da reza silenciosa, porque há sons que são só nossos – do coração, dos pensamentos.

A reza proporciona vários desses momentos, e o treino dessa escuta é um convite à escuta e ao silêncio. "São vários convites para aguçar os sentidos e poder ouvir, poder escutar. É uma atitude para a vida", Mariana se emociona ao afirmar isso.

No judaísmo há uma reza que se faz em pé e em silêncio, chamada "Amidá". São dezenove bênçãos. Ao longo da semana, as bênçãos são de pedidos, e no sabá, de sexta-feira para sábado, são bênçãos de agradecimento. O sabá é o sétimo dia da criação, em que os judeus repousam, não apenas descansam – a ideia é que seja um dia de contemplação.

Outro ritual interessante que diz respeito, e muito, à escuta é o toque do *shofar* nos dias que antecedem o ano-novo judaico, o Rosh Hashaná. O *shofar* é um instrumento de sopro famoso na cultura judaica. Um mês antes da data de ano-novo, ele é tocado todos os dias, com diferentes tipos de toque. A intenção é acordar a alma para diversos significados. A tradição que manda tocar o *shofar* mostra que a bênção não é o toque, mas sim a escuta do toque do todos os dias que antecedem o novo-ano: *Baruch Atah Adonai Elohaynu melech ha'olam asher kid'shanu b'mitz'votav v'tzivanu lishmoa kol shofar* [Bendito seja, Deus de todo o Universo, que nos faz abençoados com seus mandamentos e nos dá a bênção de escutar o *shofar*].

Adoro essa ideia de um despertador da alma. É preciso ouvir para despertar. No caso do *shofar*, que na comunidade é tão presente nessa época de ano-novo, o chamamento é para ouvirmos nosso ser. Muito profundo.

Depois dos dez dias do ano-novo judaico, o Rosh Hashaná, há a comemoração do Yom Kippur, o dia do perdão, data importantíssima do calendário judaico. E, nele, a última coisa que se faz é... ouvir o *shofar*. O convite desse ritual é, segundo Mariana, "não se esqueça de ouvir. Ouça o mundo, ouça as relações, ouça o outro, ouça a sua voz interior. Ouça porque só a escuta vai lhe ajudar a agir."

Depois dessa conversa, com tantas novas informações a respeito da escrita, saí em busca de mais percepções. E foi aí que deparei com a história de Elie Horn, um empresário e filantropo brasileiro.

Elie Horn é um empresário brasileiro, com 84 anos de idade. Nascido na Síria, viajou com a família para o Líbano ainda bebê, caçula de oito irmãos. Depois de uma falência, toda a família migrou para a Itália e, num segundo momento, para o Brasil. O ano era 1955. Na adolescência, começou a trabalhar como funcionário do irmão numa imobiliária. Com uma história conhecida e largamente retratada pela imprensa, Elie se tornou um dos maiores bilionários brasileiros, dono da Cyrela – uma das maiores construtoras do país.

Converso com Elie Horn, pois quero ouvi-lo, quero saber qual a razão de um bilionário se tornar um dos maiores filantropos brasileiros. Que voz foi essa que ele ouviu?

"Você acha que esse tema é comigo?", ele me questiona no início da conversa. Eu digo que sim, pois quero entender como ele, um grande empresário, foi ao longo do tempo ouvindo mais a religião, Shemá Israel, fazendo a vontade de seu interior e também dos preceitos religiosos para criar em vida um bom mundo vindouro. Interessa-me saber como foi sair da teoria, aprender a ouvir essa voz sutil e colocar tudo isso em prática.

"Ouvir a consciência acho que é a expressão certa", ele me diz. Concordo. Ele acredita que estar num ambiente cercado de perguntas como "Quem sou eu?", "Por que eu existo?", "O que é a Terra?", "O que é o bem?", "Quem é Deus?" nos ajuda a desenvolver um espaço para nos questionar e ouvir de nós mesmos sobre qual é a nossa missão em vida. Com o tempo, fazendo essas perguntas internamente, podemos desenvolver nosso caminho.

Ele me conta que hoje participa de vários projetos judaicos e não judaicos e gostaria de nunca parar. Em 2012, Elie descobriu que estava com doença de Parkinson. Isso parece ter acelerado ainda mais seu desejo de manifestar sua missão no mundo. "Sou uma pessoa agressiva, emotiva e intuitiva. Tento agir da mesma forma nos negócios e nos meus projetos de justiça social."

Gosto da conexão entre a prática de Elie Horn com o que me contou Mariana Gottfried sobre o judaísmo, o Shemá Israel e o toque do *shofar* serem grandes convites à escuta do mundo, à escuta de si mesmo e do que o mundo precisa. Elie me fala que, se somos humildes e treinamos a humildade, podemos ter as orelhas abertas a escutar. Por outro lado, se sou orgulhoso ou materialista, tenho a tendência a não escutar. Ele me diz que a diferença é brutal entre esses dois polos: "É aprender a ouvir o julgamento de sua consciência".

Ele reflete comigo: "Se o cara é egoísta e apenas se ouve, não vai doar. Vai manter seu egoísmo. Se o outro é generoso, vai escutar a voz para doar. Acho que o certo aqui é falarmos sobre o que é o julgamento da consciência a respeito de seu comportamento humano".

Como ocorre esse treino? Quero entender se ele teve esse hábito sempre dentro de si ou se precisou treinar para realizar o bem e desenvolver o bem em si. Ele me conta que cresceu num ambiente adequado a esse treino; um pai e uma avó que o ensinaram a doar sempre 10% do que ganhava, independente do quanto ele estivesse ganhando. Ele poderia não ter ouvido esse chamado, mas ouviu e o colocou em prática. Até mesmo, em determinado momento da vida, decidiu que deveria doar 100% de seu patrimônio, entretanto sua família não permitiu – ele tinha filhos pequenos –, e chegaram a um acordo: ele doaria 60%.

Em relação à fortuna e ao dinheiro que ele destina à caridade, ele costuma dizer que não é dono desse dinheiro, ele é o administrador e distribui para as entidades e os setores da sociedade que estão mais carentes de recursos. Nesse exercício, a escuta do humano vem acima de tudo; a religião vem depois. Existem manuais de conduta, mas aprender o respeito ao ser humano vem antes de qualquer prática filosófica. Ele acredita que a crença de cada um é uma espécie de passaporte em cada país; o que importa é como cada um vai expressar sua espiritualidade. "Somos todos iguais; se alguém se acha superior em qualquer coisa, está sendo fanático. Isso é perigoso."

> ...
>
> Existem manuais de conduta, mas aprender o respeito ao ser humano vem antes de qualquer prática filosófica.

Diante disso, devo perguntar em que ponto a religião entra em sua vida, sobre como o judaísmo o ajuda a ser uma pessoa melhor, como o ajuda a entender e a ouvir seu chamado interno. Ele me conta que acredita estar sendo testado por Deus o tempo inteiro; e ele quer passar bem por seu teste aqui na Terra para que tenha uma vida boa no mundo vindouro. "Mas eu não sou santo. A minha intenção não é importante. O importante é que quem passe fome coma, quem passe sede beba e quem não tenha teto passe a ter onde morar."

...

"Mas eu não sou santo. A minha intenção não é importante. O importante é que quem passe fome coma, quem passe sede beba e quem não tenha teto passe a ter onde morar."

Elie Horn

Ele ainda me explica que acredita que somos todos egoístas; nossa missão em vida é sair desse lugar. "Deus não nos criou anjos", ele reflete. Na sua cosmovisão, Deus nos criou egoístas e cabe a nós deixarmos de ser.

Eu adiciono a essa imagem desenhada por Elie nosso compromisso de enxergarmos nosso narcisismo para sairmos dele. Acredito que são dois conceitos análogos; nosso egoísmo e nosso narcisismo. "Não é fácil. A vida é uma luta por definição", ele é enfático.

Então, nessa linha, uma vida totalmente espiritual nos traz mais condições de sermos melhores, em contraposição ao dinheiro, ao materialismo ou ao narcisismo? "Olha aí!", diz ele com espanto, mas com muito interesse em responder. Para ele, na vida, a alma e a matéria são uma coisa só. Dependendo do momento, a alma fala mais alto, em outros momentos, o corpo fala mais alto; mas no fim das contas tudo é uma coisa só, é uma criação única. Ele cita e me indica o livro que estava lendo no momento – *A realidade não é o que parece*, do físico Carlo Rovelli, no qual o cientista se debruça sobre como nossa compreensão da realidade mudou ao longo dos séculos.

No início deste capítulo, trago o depoimento de Elie Horn sobre sua necessidade de silêncio para se encontrar. Para adentrar o silêncio na ótica de uma das vertentes dentro do judaísmo, meu entrevistado me ensina um pouco sobre o rabino Nachman de Breslov, um grande sábio de sua geração, rabino e teólogo, que tem uma obra mística necessária para qualquer interessado por espiritualidade. Para Nachman de Breslov, o conceito de *hitbodedut* é central. A ideia é o silêncio e a meditação para falar com Deus em uma conversa normal, "como você faria com um melhor amigo".

Devido à doença de Parkinson, Elie tem mais dificuldade nos dias de hoje de conseguir alcançar a leveza necessária para uma ascensão da mente e dos sentidos em suas meditações. Rabbi Nachman de Breslov afirma que, com o silêncio como pano de fundo, Deus nos ouve quanto mais alto conseguimos subir. É como flutuar. Elie diz que para conseguir entrar nesse estado meditativo, que ele chama de "subida", é preciso estar num parque, em meio à natureza, sozinho. É um estado de bem-estar, bem-aventurança e conexão que é alcançado com a prática, com essa flutuação. "*Hitbodedut* é o direito de você reencontrar o divino."

Há saída para as gerações mais novas? Como elas conseguiriam chegar a esse nível de silêncio e entrega? Para Elie, não há otimismo nesse campo: os jovens "estão em outra, totalmente em outra". Ele menciona os estímulos de computador, celular, mensagens. Apesar disso, ele acredita ter conseguido compartilhar algumas coisas com seus filhos e netos, como honestidade, caridade e generosidade. "Isso eu consegui", ele comenta feliz, "principalmente por ter doado tanto dinheiro em vida, e não apenas depois da morte."

Também questiono sobre o Parkinson, quando ele comenta sobre como a doença limitou sua própria capacidade de estar em silêncio ou com seu Deus. Elie me diz que preferia não ficar doente, preferiria limitar a vida do que viver doente. A ideia de ficar incapaz e não poder ajudar os outros não tem sentido para ele. Nesse momento, ele fica emocionado.

Pergunto, então, se o silêncio é uma ferramenta para jovens empreendedores, jovens empresários, ele sendo um dos principais empresários do país. "Encontrar o caminho é o mais importante", ele diz. Se um empresário ou empresária não pausa, não medita, não vai saber qual caminho pegar. Precisamos pré-pensar para achar o caminho. O pré-pensamento é que nos ajuda a definir, segundo ele, em qual caminho atuar. O treino para isso? Todos os dias e em todos os atos que você faz. "A natureza do homem é pensar, um animal não pensa. Todo ato que você comete tem um pré-pensar e um pós-pensar. Eu sou rápido, não penso na hora. Mas tenho um processo de reflexão anterior. Quando alguém me ataca, no bom sentido, estou pronto para reagir com consciência. Isso é o pré-pensar." Esse é o treino de presença de um dos maiores empresários brasileiros.

...

"A natureza do homem é pensar, um animal não pensa. Todo ato que você comete tem um pré-pensar e um pós-pensar. Eu sou rápido, não penso na hora. Mas tenho um processo de reflexão anterior. Quando alguém me ataca, no bom sentido, estou pronto para reagir com consciência. Isso é o pré-pensar."

Elie Horn

Volto à conversa com Mariana Gottfried. Ela, como educadora, acredita que esse treino de presença vem de um fundamental ensino da escuta, e que pode ser a salvação da sociedade como um todo. O problema que temos é que ninguém escuta. Ouvimos algo e já estamos pensando no que vamos responder. Há também pouco interesse em conhecer de fato o outro.

Ao fim de nossa conversa, ela lê um trecho de um texto que estava em suas mãos, do rabino ortodoxo Lord Jonathan Sacks:

> *A escuta cria relacionamentos. Escutar significa que as percepções e os sentimentos do nosso parceiro de conversa são importantes para nós. Um pai amoroso ouve seu filho. Um bom chefe ouve seus trabalhadores. Uma empresa de sucesso ouve seus clientes. Um bom líder ouve aqueles que lidera. Ouvir não significa concordar. Ouvir significa cuidar. Ouvir implica ser vulnerável. Ouvir é o clima no qual o amor e o respeito podem crescer.*

Por que é importante ouvir, então?

Mariana afirma que esse é um ensino fundamental para jovens e crianças, porque, ao ensinar a ouvir, estamos os ensinando a cuidar, a se conectar, a se relacionar consigo, com o outro, a vida, a natureza e o universo.

Ela termina nossa conversa citando mais uma frase de Lord Jonathan Sacks: "Multidões são movidas por grandes oradores, mas vidas são mudadas por grandes ouvintes".

"O silêncio é sobre mover-se da compulsão para a consciência."

Sadhguru

8.
Quem escuta o Carnaval?

"Sem dúvida que o silêncio é importante para mim. Lembro que meu pai costumava dizer que, quanto mais civilizada é uma sociedade, mais silenciosa ela é também.
Eu entendo que o silêncio pode causar estranhamento em certas pessoas, o silêncio exterior, essa ausência física de som. Mas, se você perguntar diretamente para mim, eu lhe respondo:
'Eu detesto barulho'."

Luiz Felipe Pondé, filósofo

Luiz Felipe Pondé é uma referência intelectual para mim. Ele fala sobre ideias e a sociedade a partir do resultado de um verdadeiro exercício de reflexão. Ele não tem o desejo de agradar nem de fazer parte de clubinhos. É uma inspiração no sentido da escuta; é uma das pessoas que escuto com atenção, mesmo quando discordo. Concordar com ele é uma delícia. Mas discordar me ajuda a formar minha própria opinião. Ouvi-lo me ajuda a rever minhas próprias crenças e checar a respeito do que acredito. Penso que esta é uma capacidade de homens e mulheres verdadeiramente inteligentes no ofício da filosofia: nos conduzir a uma forma de despertar para o questionamento, e não simplesmente nos presentear com garrafas para engolir litros de autoajuda e obviedades.

Busco Pondé para saber qual é o valor do silêncio para a filosofia. Como a escuta nos leva à compreensão do momento que vivemos? Ele inicia a conversa lembrando-se da época que morava na França, durante o doutorado. Nesse período, entrevistou muitos intelectuais importantes. Ele já escrevia para o caderno de cultura do jornal *O Estado de S. Paulo* e me conta sobre uma viagem que fez para uma cidadezinha ao lado de Frankfurt, Niedernhausen, na Alemanha. O intuito era conversar com o filósofo Karl-Otto Apel, professor emérito da Johann Wolfgang Goethe-Universität de Frankfurt am Main. O alemão desenvolveu uma abordagem filosófica "pragmática transcendental", muito focada em temas relacionados a ética e filosofia da linguagem.

Na época, Pondé morava na agitada Paris e se lembra que, quando desceu do trem para a visita, se impressionou com o silêncio da cidadezinha. Ao caminhar em direção à casa de Otto Apel, teve a sensação de que poderia "pegar o silêncio com as mãos".

Sua carreira acadêmica teve início no curso de medicina da Faculdade de Medicina da Bahia, apesar de não ter concluído a graduação. Mais tarde também cursou filosofia na Universidade de São Paulo. Seu pós-doutorado foi na Universidade de Tel Aviv, tendo passado pelo doutorado na Universidade de Paris. É uma pessoa do mundo e que pensa sobre o mundo. Atualmente, é vice-diretor e coordenador de curso na Faculdade de Comunicação e Marketing da Fundação Armando Alvares Penteado, a FAAP, professor de ciências da religião na Pontifícia Universidade Católica (PUC) de São Paulo e de filosofia na FAAP. Conheço o professor das inúmeras entrevistas que fizemos, geralmente na ocasião do lançamento de seus livros, dos quais gosto bastante.

Em nossa conversa sobre o silêncio, Pondé me diz que detesta música ruim e que detesta Carnaval. Acho que concordamos nisso. Ele confessa que adorava a cidade de São Paulo antes da disseminação de bloquinhos de rua. Pondé é pernambucano, nascido no Recife. Sabe bem o que é o Carnaval. "Foi uma tragédia a introdução do Carnaval em São Paulo. Não ter Carnaval era um diferencial que a cidade tinha. Quem queria folia viajava, quem ficava em São Paulo ficava em silêncio."

Antes de entrarmos na conversa sobre a importância do silêncio interior, quero saber da importância do silêncio para se fazer filosofia. Ele se lembra de que sempre teve uma dose razoável de concentração em meio a ruídos. Seu primeiro filho nasceu quando ele estava no terceiro ano de medicina, a segunda filha nasceu quando ele já fazia mestrado em filosofia; ele conta que, apesar da vida já agitada, mesmo em meio à demanda e aos barulhos das crianças, conseguia trabalhar muito bem naquela época – era fácil para ler e se concentrar. Ele ironiza que o mesmo não aconteceria se tivesse uma banda de axé passando pela rua. "Considero o Carnaval tão invasivo, uma festa tão totalitária; acho interessante quando dizem que é uma festa democrática, porque acredito que seja o oposto disso", ele desabafa.

Gosto dessa ideia de que Pondé traz sobre o Carnaval ser tão totalitário, pois é o oposto do que é considerado certo a ser dito. Assim são as modas, uma única voz que não permite o paradoxo, o contrassenso. Também não gosto do Carnaval. Nunca gostei, desde meus 3, 4 anos de idade, quando minha mãe experimentou me levar a um bailinho com minhas primas e fiquei extremamente constrangida e envergonhada em ter que usar aquela fantasia, me sentia ridícula.

Quando cresci, comecei a visitar retiros de diversas modalidades – ioga, natureza, católicos... – sempre em busca do silêncio e da conexão durante o Carnaval. O silêncio é bonito para mim.

O silêncio me enche de poesia. Passei a ressignificar o Carnaval quando entendi que poderia fazer diferente, que eu tinha essa liberdade. Para meu espanto, de uns tempos para cá, fui descobrindo cada vez mais pessoas que também se sentiam assim. Existe espaço para todos os gostos. Só lamento que as pessoas que gostam tanto do silêncio às vezes demorem tanto para descobrir que está tudo bem não gostar de Carnaval num país como o Brasil.

Tem outra coisa que me apaixona e que só pode acontecer no silêncio: a filosofia. Pondé segue me explicando que esse trabalho intelectual exige concentração, leitura, articulação de ideias, contato com letras, autores mortos, com... livros. Não é à toa que bibliotecas são tão silenciosas. O fato de Luiz Felipe Pondé estar na TV, nas mídias e na universidade implica estar em meio ao barulho. Mas essa é a segunda etapa de seu trabalho – algo já aconteceu antes, no processo de criação, como o primeiro momento e a entrega, e depois vêm a divulgação e a exposição.

Pergunto sobre a ideia inicial do meu livro: a escuta. Para ele, a escuta do outro é um fetiche, porque ninguém quer de fato escutar ninguém. Essa escuta que levanto como pressuposto seria uma idealização, uma espécie de marketing ou apenas uma ilusão. Isso não significa que a gente não precise escutar o outro. Mas o outro é quase um fetiche para ele. Pondé opina que, a partir do momento que o mundo corporativo se apropria de alguns termos e ideias, aquilo perde a essência e passa a dizer quase nada. "O discurso do outro, a importância do outro... só em discurso de banco, de *fintech*", ironiza.

O filósofo problematiza que o silêncio virou um artigo de luxo hoje em dia – muito conectado com o que a neurocientista

Claudia Feitosa-Santana pontuou sobre os spas que prometem silêncio e natureza para quem pode pagar caro. Por outro lado, a modernização é ruidosa. "Ela é barulhenta porque é filha das máquinas." Não podemos fugir ou negar o tempo que vivemos.

Como nos adequarmos ao tempo? Embora muito crítico com as redes sociais, Pondé se afeta muito pouco com elas. É um voraz produtor de conteúdo. Dezenas de livros, mais de um milhão de seguidores, somando suas redes sociais. Seu conteúdo é estritamente ligado à filosofia, aos livros e às entrevistas relacionadas a esses temas e conduzidas por ele. Porém quem cuida de toda parte de publicação e interface com os seguidores é uma equipe profissional. Pondé não tem diálogo direto com as redes, portanto passa, de certa forma, imune aos ataques e permanece livre para pensar e mostrar a elaboração de seu pensamento; não escuta a voz da manada que, como explicou a professora Fernanda Hamann anteriormente, age de forma inconsciente, apenas buscando um líder para canalizar sua voz. Pondé dispensa esse tipo de escuta e de conversa, e explica: "Minha relação com as redes é gravar vídeos para o YouTube, respondo a perguntas de seguidores; ofereço cursos que os seguidores me pedem; portanto não é que eu não tenha relação com meus seguidores. A diferença é que minha relação com eles é profissional, não de baixaria".

O que ele esclarece com essa afirmação é que não está buscando uma validação narcisista e inconsciente nas redes sociais. Ele tem consciência que as redes atuam como amplificadores de suas ideias e seu trabalho, uma importante ferramenta nesse sentido, mas não como palco para que um pedaço da alma dele seja exposta esperando aceitação, como age a maior parte das pessoas que estão pelas redes sociais.

Dessa forma, fica mais fácil não entrar na gritaria e nos ruídos que questiono tanto. "Esse ruído a que você se refere, Petria, está vinculado a bate-boca no Twitter, no Facebook, aos vídeos intermináveis do TikTok, à busca frenética por agradar todo mundo e ter seguidores. Eu não tenho relação com isso. É por isso que quando você me pergunta sobre ruído eu me lembro muito mais do Carnaval do que das redes sociais."

Esse é um ótimo uso das redes, do que elas têm de melhor. Levar conhecimento, aplicar a consciência para quem deseja; ampliar também a escuta para tantas histórias, culturas e filosofias diferentes – é uma ferramenta inigualável de distribuição de conhecimento. No caso de Pondé, sua vida privada é preservada. Ele não compartilha intimidades e não usa seu Instagram, que é administrado por uma equipe também. Ele usa o termômetro dos seguidores para saber qual assunto filosófico as pessoas mais gostam e mais precisam naquele momento – é uma troca com o outro, com esse seguidor, no que pode haver de melhor: a escuta e a entrega do que o outro realmente precisa. "Eu trato os seguidores como alunos em sala de aula. É esta a troca, uma troca formal. Eu conheço o ruído das redes sociais como matéria de estudo em meu trabalho, mas o desconheço como algo que invade minha vida", segue refletindo.

Ele me explica que nesse momento histórico, em tempos de redes sociais, há muitas pessoas que também se tornam ruidosas com um comportamento chato, pessoas que precisam o tempo todo de atenção, que exigem reconhecimento, "porque a gente decidiu hoje que é feliz, decidimos que vamos construir uma sociedade para a felicidade e para o bem, é aí que nos perdemos. É preciso fazer muito barulho para não ter consciência do fato de que tudo isso é uma mentira".

Nessa busca irreal por chegarmos a uma sociedade de felicidade utópica, aparecem os ruídos das mais variadas formas: reclamação, indignação, manifestação. "O Brasil ficou muito mais barulhento com os bolsonaristas, eles trouxeram uma má qualidade de ruído. Um tipo de ruído que atrapalha completamente o debate público, que empobrece, emburrece. Na questão do diálogo, do debate e da escuta, o bolsonarismo conseguiu fazer com que a política ficasse pior do que era quando havia só o PT como ator protagonista."

Como mencionado ao longo dos últimos capítulos, quando falamos sobre escutar nosso silêncio, falamos sobre uma escuta anterior, uma capacidade que nos leva a algo mais profundo e humano. Porém é fato que boa parte das pessoas que tentarem ouvir seu próprio silêncio podem ficar bastante angustiadas com a ausência de estímulos. "Se entrarem em contato com o silêncio, vão ter que tomar remédio, vão ouvir um pesadelo, um filme de Bergman ou Lars von Trier dentro de si. Porque a vida é foda", Pondé alerta. São muitos os níveis de desorientação, insegurança, incerteza que nos acompanham ao longo da jornada. A dificuldade que temos de entrar em contato com nosso silêncio, segundo o filósofo, mora aí: no fato de que não estamos preparados para o que virá. Muitos podem até mesmo ficar deprimidos com o silêncio, com certa falta de sentido que aparece quando silenciamos tudo aquilo que acreditávamos ser nosso alimento.

A descoberta da vida interior como um problema está situada no que se chama "filosofia da existência". O primeiro pensador a falar sobre o assunto foi o filósofo, teólogo e poeta dinamarquês Søren Aabye Kierkegaard – alguns o consideram o filósofo mais profundo do século XIX.

Assim, se inaugura a ideia do existente, que é o ser humano, como lugar de angústia, ansiedade, inquietação. Segundo Pondé, precisamos entender que os últimos trezentos anos foram completamente atípicos na história da humanidade. Ao longo de nossa formação, como espécie, vivíamos em um mundo com baixa população, com distanciamento social, e evoluímos no silêncio. Hoje vivemos num ambiente de absoluto ruído.

Interessante fazer uma breve digressão aqui. Enquanto ouço novamente minha conversa com o filósofo para a escrita deste capítulo, sou inundada pela percepção dos sons de helicópteros e aviões na região em que moro. É uma das regiões mais movimentadas de São Paulo, um dos centros financeiros da cidade. Posso ouvir também latidos e sons de pássaros. No entanto, minha casa me parece silenciosa. Vamos ressignificando ao longo da nossa jornada o que é o silêncio da nossa paisagem sonora, como explica minha entrevistada Lia Diskin, e nossa capacidade de estar em foco ainda assim. Mas volto agora à filosofia de existência. Pondé me recomenda o livro *O silêncio dos animais*, do filósofo britânico John Gray. Na obra, o escritor explora esse conceito. Claro que os animais fazem barulho, mas muito menos do que as espécies *sapiens*. Em um trecho interessantíssimo, o autor imagina e descreve uma situação em que os animais, do alto de seus milhares de anos de adaptação, observam a espécie neandertal e pensam: "Como são inquietos. Vão passar". Rimos os dois, Pondé e eu, com essa abordagem. Compro o livro na hora. Um livro que fala sobre os animais, falando mesmo sobre os seres humanos. John Gray estoura no mundo como grande escritor com o livro *Cachorros de palha*. Já foi professor de filosofia na Universidade de Oxford e atualmente ensina pensamento europeu na London School of Economics. Escreve também regularmente para o *The Guardian*, o *New Statesman* ou o *The Times Literary Supplement*.

Pondé reflete comigo que "escutar nosso silêncio" é uma ideia de alto luxo nos dias de hoje. O que não quer dizer que apenas os ricos sejam capazes de alcançá-lo. Quando ele elabora a ideia de alto luxo, isso está dissociado da ideia de ser rico. O que ele quer dizer aqui é sobre algo tão, mas tão exclusivo e raro, que até mesmo desperta o interesse de poucos.

Pondé acredita ser importante escutarmos nosso silêncio. Mas não acredita que seja possível fazer isso a partir de políticas públicas.

Durante muitos anos, nosso filósofo pernambucano costumava levar seus estudantes de mística da PUC de São Paulo a um mosteiro trapista no Paraná, o Mosteiro Nossa Senhora do Novo Mundo. A ordem trapista é uma congregação religiosa católica de monges beneditinos que vivem em comunidades isoladas. Contemplação é palavra-chave nesse estilo de vida, que segue o princípio fundamental do *ora et labora*, vivendo em grande austeridade e silêncio. No mosteiro, se vive num ambiente medieval. Eles buscam se afastar do mundo mesmo; as comunidades trapistas são, habitualmente, localizadas fora das cidades, vivendo os monges da atividade agrícola.

Ali podia ser sentido o cultivo de um silêncio tipicamente religioso de fato. Era possível também observar uma escolha de vida radical, que muito pouca gente consegue fazer. Uma escolha que, talvez, dependa do temperamento da pessoa, não apenas de seu desejo de se afastar.

Pondé passou a se interessar pelo assunto "silêncio" enquanto estava imerso no estudo da mística durante o doutorado na Europa. Frequentava bibliotecas, igrejas e mosteiros e ficava impressionado ao investigar pessoas que viviam no silêncio por não conseguirem viver de maneira diferente.

O filósofo se lembra de um monge americano que conheceu no mosteiro trapista, que era o responsável pela hospedaria dos convidados e tomou a decisão de virar monge depois de lutar na Segunda Guerra Mundial. O futuro monge participara da invasão na Normandia e estava no grupo de soldados norte-americanos que descobriu campos de concentração. Monge Francisco contou para Pondé que, logo depois de voltar da guerra, entrou para a ordem dos trapistas. Foi o único lugar que ele encontrou para manter sua sanidade mental.

Por que razão uma pessoa escolhe viver em silêncio logo depois de um trauma, como uma guerra? Pondé acredita que as pessoas que têm vocação para a contemplação têm histórias de vida que, na maior parte das vezes, passam por traumas e rupturas que as levam a buscar algum distanciamento do mundo. Isso está muito longe dos manuais de autoajuda da atualidade. É pela experiência de vida, e não por querer chegar a algum lugar iluminado, que o silêncio precisa acontecer.

A chegada a esse silêncio real, que está muito longe do silêncio conquistado por pílulas para dormir ou pela meditação guiada por celular, acontece não necessariamente pelo fato de a pessoa ter fé. O silêncio para essas pessoas chega a ser quase um vício. Pondé faz uma analogia que adoro: o romancista búlgaro Elias Canetti, na coletânea *A consciência das palavras*, diz que o intelectual tem o mesmo vício que um cachorro tem com seu focinho – o cachorro tem o vício de tudo cheirar; o intelectual é intelectual por vício, um modo de vida, e não uma virtude. Da mesma maneira, Pondé reflete que há pessoas que têm uma atração incontrolável pelo silêncio e pelo estilo de vida recluso.

Nessa linha, pode-se afirmar que o silêncio ou o treino dele pode servir para algum tipo de evolução? Pondé se deleita com a pergunta, pois pode explicar boa parte da essência de seu pensamento. Ele acredita que não existe nada na experiência humana que possamos eleger como uma chave para a evolução. "Nada, nem o amor", ele é enfático. Para ele, todas as ideias de evolução estão equivocadas. Somos o que somos: nem evolução nem involução. Somos caóticos, paradoxais, andamos em círculos. Porém hoje em dia, no ambiente da geração de conteúdo público em que tanto eu quanto Pondé vivemos, é cobrado de nós uma virtude cívica, segundo ele. Uma virtude chamada "otimismo". Isso é cobrado e temos que ser o tempo inteiro edificantes, construtivos, e daí uma obrigação de termos sempre uma opinião correta sobre tudo. Com o agravante de problematizarmos algo, isso poder ir para alguma caixa ou estereótipo: "A semântica virou uma lata de lixo nesse mundo contemporâneo", Pondé é claríssimo e, estando imersa no atual universo da comunicação, eu concordo totalmente.

As conversas com Pondé sempre me deixam mexida, instigada. Volto com ele à questão de o silêncio ser um luxo e o que isso quer dizer na realidade. Para ele, se para alcançar o silêncio eu vou para um workshop de três dias num retiro, isso não funciona. Não funciona porque quando voltamos para a vida normal, cotidiana, aquilo vivido não era real, mas algo facilmente empacotado em um produto da indústria do bem-estar, mais um papo de classe média-alta. A modernização é quase exilada da vida espiritual; ela é instrumental, mercantilizada. O capitalismo funciona mercantilizando relações: educação, saúde mental, relações em geral.

...

Se para alcançar o silêncio eu vou para um workshop de três dias num retiro, isso não funciona. Não funciona porque quando voltamos para a vida normal, cotidiana, aquilo vivido não era real, mas algo facilmente empacotado em um produto da indústria do bem-estar, mais um papo de classe média-alta.

A vulnerabilidade é uma commodity gigantesca, Pondé desabafa. Ele acredita na necessidade de silêncio, mas alerta que, facilmente, isso já foi capturado por um mercado do bem-estar. Algo que você pode "facilmente" comprar em algum endereço da Chapada Diamantina, em Minas Gerais, ou em algum outro endereço de spa no interior de São Paulo. Quando falamos aqui em escutar nosso silêncio, se queremos isso em essência, e de verdade, há que se empreender outro tipo de busca.

"O som é da superfície, o silêncio é do âmago."

Sadhguru

9.
A beleza do silêncio

"Recordo-me de que eu tinha um incômodo com o barulho. Mas não era o barulho externo. Era o barulho dos meus pensamentos. Chega uma hora em que você vai ao banheiro, escova os dentes, e não se lembra que escovou os dentes, tamanho o barulho dentro de sua cabeça. Como eu não tinha um centro, como eu não sabia que o barulho era eu mesma, eu não sabia lidar com o ruído dos meus pensamentos. Aquilo me incomodava bastante. Quando você começa a se colocar como observador, você começa a dissecar o barulho e a entender o sentido."

Lúcia Helena Galvão, filósofa

A conversa se deu em um local bem típico da cidade de São Paulo: uma padaria. Foi lá que me encontrei com uma filósofa serena, quieta, de fala mansa e muito clara. Professora Lúcia Helena Galvão atua num movimento de disseminação da filosofia há muitos anos, e durante a pandemia da covid-19, o canal de Nova Acrópole, instituição pela qual ela dá aulas, cresceu enormemente. O que essas pessoas buscam? O canal tem como slogan "Filosofia à maneira clássica".

Em meio ao som das máquinas de café, do burburinho de pessoas ao lado e de fãs dela que interrompem nossa gravação para falar sobre o quanto a admiram, quero saber da professora como ela, em meio a tanto barulho, cultiva seu silêncio e quão importante isso é. "O silêncio é a oportunidade que eu tenho, nem que seja por alguns minutos, de retirar de dentro de mim tudo aquilo que não é meu", começa de forma assertiva.

> ...
> "O silêncio é a oportunidade que eu tenho, nem que seja por alguns minutos, de retirar de dentro de mim tudo aquilo que não é meu."
>
> *Lúcia Helena Galvão*

Iniciamos a conversa já falando sobre o silêncio. Segundo ela, o silêncio externo é algo muito relativo. Apaziguá-lo é importante, como na hora de dormir, por exemplo. Mas a partir do momento que se tem o hábito do cultivo de uma vida interior, não importa se estamos numa cidade barulhenta como São Paulo ou em uma pequena chácara na periferia de Brasília – onde ela mora; em qualquer ocasião o silêncio pode ser alcançado quando se treina perceber o que há dentro de si e saber que todo o ruído não é você. Precisamos aprender a ouvir quem nós somos em meio a tudo isso. O que chama a atenção nisso tudo não é o meio silêncio, mas o que ela acredita ser a ponte para adentrarmos o universo do silêncio: a beleza.

Quero entender melhor.

A beleza, segundo ela, é um dos maiores condutores ao silêncio interior que já existiu. "É um indutor do falador silencioso", ela explica. Vamos tomar como exemplo uma melodia maravilhosa que lhe inspira ou que toca seu coração. Ouça essa música durante um pôr do sol; duas belezas arrebatadoras. Se possível, ainda nesse momento, leia um pequeno trecho de um texto que seja inspirador para você. "Não há consciência que resista."

Platão costumava falar em seu tratado sobre "divinos ócios" a respeito do encontro com nossa alma. Uma boa analogia é quando vamos receber visitas em casa: arrumamos tudo, colocamos flores, perfume, a música que a pessoa gosta. O mesmo cultivo deve ser feito com a alma: usar pequenos trampolins para que ela se sinta em casa. Isso é uma busca por silêncio, e a beleza é um dos maiores condutores para isso. "É quase minha forma de fazer meditação", revela Lúcia.

Na mesma linha, a professora acredita que a meditação não é a mesma para todos e que cada um deve desenvolver o próprio método. Não existe uma só fórmula. Nesse sentido, ela insiste, um trampolim pode ser a conexão que fazemos com os diversos tipos de beleza. Porém precisamos ter atenção e um refinamento dos sentidos.

Há pessoas que dizem se sentir bem com certo tipo de música; porém são músicas densas, com letras pesadas, depressivas, tantas e tantas vezes inspiradas e escritas sob uso de entorpecentes. Muito dificilmente isso vai gerar algum tipo de concentração para a meditação ou para a elevação da consciência, a professora alerta. Em vez disso, esse tipo de música, que chamamos "de fossa" ou "melancólica", vai fazer com que fiquemos presos em nosso estado emocional, nos distanciando do caminho rumo a algum tipo de essência, de algo mais genuíno para nós.

Quando fala sobre a beleza como ponte, Lúcia quer me ensinar como usar uma ferramenta que erga nossa consciência para alcançarmos uma experiência de estarmos fora do tempo, do espaço e das circunstâncias. Isso é arrebatador.

Faço uma viagem à minha infância. Por volta dos 8 anos de idade, eu morava num apartamento pequeno com meus pais, meu irmão e minha avó. No pequeno espaço que me cabia eu sonhava e me inspirava com minhas bonecas ordenadas harmonicamente, com a beleza da organização e da limpeza. A palavra "harmonia" sempre fez parte de uma busca para mim. Quando Lúcia toca nos pontos sobre silêncio e beleza, imediatamente faço um recorte de tudo que isso significa para mim desde sempre. A harmonia não depende de dinheiro, de grandes projetos arquitetônicos. A harmonia é a tradução material de um estado ordenado dentro de si. Sem espaço de silêncio, não há como entrar em contato com isso. Aliás, a harmonia dos espaços sempre me leva para um lugar de conforto e relaxamento. Não à toa, pode nos levar com mais facilidade aos estados de meditação. Embora, como muitos aqui já disseram, o barulho também possa ser um indutor da atenção.

> **...**
>
> A harmonia não depende de dinheiro, de grandes projetos arquitetônicos. A harmonia é a tradução material de um estado ordenado dentro de si. Sem espaço de silêncio, não há como entrar em contato com isso. Aliás, a harmonia dos espaços sempre me leva para um lugar de conforto e relaxamento.

Lúcia abre algumas portas de seu universo e revela que vivencia experiências transcendentes com Mozart, por exemplo. "A sensação que eu tenho é que Mozart invocou Deus em sua obra e Deus o atendeu." Para a professora, o chamado do artista pelo divino foi tão contundente que, ali, naquela obra, o divino se manifestou em som. Ouvindo a obra de Mozart, é possível perceber a presença de algo maior pairando em volta daquela música. Isso nos tira da banalidade, segundo ela. São coisas que nos dão a sensação de eternidade, a sensação de que estamos transcendendo o tempo.

Uma das experiências bonitas com o silêncio que a professora viveu foi em um mosteiro na Amazônia. O barqueiro levou o grupo do qual ela fazia parte para o meio de um grande rio para assistirem ao nascer do sol. Ela nunca havia imaginado tamanho silêncio e, na sequência, a verdadeira euforia da natureza subsequente àquele alvorecer. Os macacos gritam, os pássaros ficam desesperados, tudo entra em um rito de verdadeira adoração por algo sagrado que está a acontecer. Isso, segundo a filósofa, além de inspirador, é uma ferramenta para que possamos ter a sensação de que estamos fora do tempo e do espaço. É um momento de solidão.

O raciocínio de Lúcia segue e ganha corpo com alguns conceitos de beleza nos *Diálogos* de Platão, cuja leitura ela recomenda fortemente. Quando fala sobre a poesia, Platão reflete que a verdadeira beleza não nos provoca desejo de posse, mas, em vez disso, nostalgia. Olhamos para aquela obra e sentimos saudade de "casa", de algum lugar em que tudo era assim.

Escute.

A escuta é um nível de consciência. Saber escutar é mais uma sabedoria do que uma inteligência, não é um processo apenas mental. Quando temos o cultivo da vida interior, dos divinos ócios platônicos ou de *otium* e *negotium* para os latinos, quando nos voltamos para a escuta do outro e para a escuta da vida, nos tornamos como que um especialista em orquestra: aquela pessoa que sabe exatamente o momento em que cada instrumento vai entrar, vai tocar, sabe diferenciar cada som, cada nota, não ouve apenas uma massa sonora. Tornamo-nos especialistas em ouvir as nuances da própria vida. Uma habilidade, segundo a filósofa, da pessoa que sabe escutar a si mesma de forma tão clara que nada do que ela venha a ouvir fora daquilo se torna um ruído. Ela pode decodificar cada som como se fosse uma sinfonia. A pessoa, então, está protegida. Tudo é informação. Tudo é sinfonia.

Todo esse papo se dá em meio a uma padaria barulhenta em São Paulo. Pergunto: "Estamos num ambiente barulhento para você?".

Ela me responde: "Se você ouve barulho, é porque ainda não conseguiu ouvir sua voz do silêncio".

Antes de morar no "mato", Lúcia vivia num apartamento no centro de Brasília. Fã da obra *Missa Brevis,* de Palestrina, ela adorava ouvir a peça em meio ao caos externo da grande cidade. Uma obra que, quando se ouve, se tem "a impressão de que somos *paparazzi* em uma reunião de anjos", tão bela obra. Os sons estavam todos em tamanha harmonia, e, enquanto ouvia, percebia também os sons dos carros na chuva, um vendedor gritando "olha a pamonha", podia ainda ouvir o som do choro de uma criança que passava pela rua com a mãe. Tudo aquilo era tão bonito que ela se deu conta de que "aquilo era uma missa brevis; a vida é uma missa brevis. Quando você entra em contato com o sentimento daquela criança, a expectativa de quem dirigia aquele carro, o chão molhado, o ar pós-chuva... era tudo tão belo que, por um segundo, eu tive a impressão de que aquilo era uma segunda missa brevis". E de fato era. Aos ouvidos de uma profunda apreciadora da vida, uma filósofa em essência. Como isso acontece?

Quando deixamos de nos ouvir, o que está fora vira uma massa uniforme. Por outro lado, não somos ensinados a ouvir mais e melhor para perceber os sons da vida. Pergunto para Lúcia como ela aprendeu a ouvir, quando foi que começou sua percepção a respeito desse assunto. Ela é enfática em dizer que sem a filosofia ela não teria chegado aonde chegou. A filosofia é como o tutorial de um jogo, em que o jogador tem a vantagem de aprender regras e macetes antes de iniciá-lo.

Com a filosofia aprendemos a jogar o jogo do observador. Podemos aprender a nos desidentificar daquele que está ouvindo, a observar a nós mesmos como uma segunda entidade. Observamos aquele que ouve (nós mesmos), e a partir desse olhar "de cima" podemos ter outra dimensão de nossos padrões, ou dos padrões do personagem que interpretamos na vida. Passamos a ser o diretor de nossa peça de teatro. "Porque, apenas com a nossa mente, não temos a sabedoria para bloquear pensamentos ruins, para entrar somente o que a gente quer", Lúcia explica. "Uma das coisas que me incomodavam muito quando eu era garota era o ruído da minha mente. Quem sou eu no meio de tudo isso? Como é que se vive desse jeito? É muito barulho mental, não me concentro em nada."

Lúcia Helena Galvão tem 58 anos de idade, e mergulhou no universo da filosofia com a Nova Acrópole quando tinha 24 anos. Ela se recorda vivamente que, naquela época, um professor lhe lançou um desafio. Antes de dormir, pediu para que ela fechasse os olhos e se lembrasse de como havia sido o dia. Pediu para que ela se lembrasse em que momento se sentira verdadeiramente feliz. Foi aí que ela definitivamente quis ficar com a filosofia.

Ao fazer um balanço sobre o dia, Lúcia lembra que tinha participado de um happy hour com amigos. "Um happy hour para um abstêmio é a coisa mais infernal, nada ali me divertia. Eu estava batendo ponto numa diversão juvenil, mas foi horrível." Como não bebia nada alcoólico, aquela experiência era sempre atordoante para ela. Puxando pela memória, Lúcia se deu conta de que o momento mais feliz foi quando, depois de ter comprado uma muda de rosa, ela pôs as mãos na terra para plantá-la. Foi quando disse para si mesma: "Que raios de pessoa é você que, com 24 anos de vida, não sabe nem mesmo o que a faz feliz? Você é uma estranha para si própria".

Lúcia adquiriu esse hábito de procurar por si mesma inspirada na filosofia. "É incrível, pois isso lhe dá muita inspiração e uma capacidade incrível de passar a enxergar melhor as coisas. Você adquire a capacidade de se ouvir, de mergulhar no outro e de tentar, também, encontrar o silêncio dentro do outro." Essa conversa fez a filósofa se lembrar de um trecho dos *Fragmentos órficos*: "Eu lhe ofereço o meu mistério em demanda do seu". É de uma beleza ímpar e é sobre esse nível de beleza que estamos falando aqui.

Todo mundo tem o silêncio dentro de si. Se desejamos ter acesso a ele, precisamos resgatá-lo; lembrar onde ele mora dentro de nós. O silêncio mora num lugar muito autêntico, muito essencial, segundo Lúcia Helena Galvão. Muitas vezes, no intuito de agradar ou de sermos simpáticos, deixamos de lado nossa essência, a voz que conversa conosco intimamente sobre quem somos. Pouco a pouco, vamos nos distanciando de nós mesmos. Quando uma pessoa é ela mesma no contato com o outro, ela dá a oportunidade para esse outro resgatar o silêncio e o essencial dentro de si. A troca é mais completa. Certamente, aquele outro vai se recordar desse encontro. Algo diferente vai acontecer ali.

...

Quando uma pessoa é ela mesma no contato com o outro, ela dá a oportunidade para esse outro resgatar o silêncio e o essencial dentro de si. A troca é mais completa. Certamente, aquele outro vai se recordar desse encontro. Algo diferente vai acontecer ali.

É possível diferenciar claramente quando uma pessoa de fato está olhando em nossos olhos durante uma conversa. Assim como é nítido quando estamos falando e a outra pessoa já está preparando sua resposta. A partir de hoje, faça esse treino durante suas conversas. Isso também vai lhe permitir observar qual é sua disposição na escuta do outro. Estou olhando e ouvindo de fato o que o outro diz?

Quem trouxe a Nova Acrópole para o Brasil foi o filósofo franco-espanhol Michel Echenique Isasa. Um belo dia, Lúcia, recém-chegada à instituição, habituada a observar como Isasa respondia a seus alunos, resolveu perguntar o que ele fazia enquanto alguém lhe fazia uma pergunta. E ele respondeu: "Eu apenas treino ficar com minha mente vazia para sentir o que o outro está dizendo".

Lúcia Helena se diverte lembrando que, quando algum aluno lhe fazia uma pergunta, ela própria pensava em respostas totalmente diferentes das simples respostas do professor. Entretanto, todos os alunos saíam dali totalmente satisfeitos com o que o professor lhes respondia. "Ele ficava vazio para sentir a pessoa", diz espantada.

Por que devemos buscar o silêncio? Isso nos torna melhores?

"Devemos procurar o silêncio porque a voz do silêncio é a voz de seu ser", Lúcia me responde de maneira definitiva. Na visão dela, "viemos para a vida para sermos uma luva que veste a mão do espírito e expressa o recado dela no mundo". Se não ouvirmos nosso espírito, estamos fadados a sermos uma luva de aço, com os dedos todos engessados. Se não deixarmos nosso espírito falar, o que estamos de fato fazendo com nossa vida?

Há pouco tempo, Lúcia foi convidada para um evento internacional que reunia mulheres em torno do tema "feminismo".

Durante o evento, uma das palestrantes, que era antropóloga, foi questionada acerca do que era o ser humano. Para espanto da filósofa, a antropóloga respondeu que "o ser humano era nada mais do que um mosaico composto pelas circunstâncias culturais que colaram nele". Lúcia ficou impactada com essa resposta, que classificou como "oca". Lúcia é uma entusiasta da alma que anima o ser humano. Uma autora que a filósofa aprecia é Marguerite Porete, escritora medieval, beguina, pesquisadora do cristianismo. As beguinas eram mulheres beatas, laicas, mas que viviam de maneira muito austera, geralmente dedicadas ao cuidado dos pobres e doentes. Porete estudava a mística cristã e escreveu o livro *O espelho das almas simples*, por causa do qual morreu queimada na inquisição.

Muito sinteticamente, a autora escreve que, quando uma alma é simples e pura, é um espelho bem lustrado que reflete as qualidades de Deus. É uma alma que tem Deus dentro dela. Na Idade Média, considerava-se uma heresia acreditar que Deus estaria dentro do ser humano. Por incrível que pareça, hoje também. Quando Lúcia Helena se lembra do que foi falado pela antropóloga de respeito naquela palestra, julgar que o ser humano é uma mera colagem do que foi feito dele é chegar perto de um pensamento medieval. Nesse pensamento, eu e a professora Lúcia Helena nos aproximamos muito. No início deste livro, começo refletindo sobre estarmos nesta vida para torná-la um pouco melhor, para darmos alguns passos a mais em nossa capacidade de compreensão e interpretação do mundo – eu me disse pretensiosa, e ainda sou.

Se partirmos do pressuposto que somos ocos e uma mera colagem dos fatos e da cultura que nos permeia, como vamos exigir *compliance*, ética, bem como governança ambiental, social e corporativa (ESG) nos negócios? Como vamos exigir uma reflexão aprofundada sobre nossa relação, sobre o sagrado e o divino? A escuta genuína de nosso interior é fator fundamental para transformarmos discursos meramente acadêmicos sobre nossa finalidade humana. "É impressionante que estejamos conversando com ciências humanas de ponta que sejam tão desumanas", Lúcia critica.

Em seguida, a filósofa reflete sobre os dias de hoje. "Existem formas sutis de queimar as pessoas, talvez mais eficientes do que na inquisição." O que me faz lembrar imediatamente de um preceito do Talmude sobre um dos piores crimes que se pode cometer, o assassinato. Dentro dessa ideia, também está contido o assassinato moral, o linchamento público – nada mais atual para nossa reflexão.

Como mudar esse caminhar da civilização? Do entendimento meramente intelectual que nos descola de uma alma essencial que nos permite essa escuta profunda?

Lúcia reflete sobre isso e diz que saber até onde ir e saber silenciar é uma sabedoria. Um filósofo não busca polêmica, segundo ela. Um filósofo apenas joga suas sementes. Chegar a um nível de polêmica é querer provar que está certo a qualquer preço. Um filósofo não deve querer defender a sua verdade. Mas ele defende aquilo que encontrou como o melhor sobre a verdade até aquele momento na natureza. É muito mais complexo e sempre há espaço tanto para a dúvida quanto para o questionamento. Esse é um exercício de inteligência e, claro, de sabedoria.

Com esse pensamento, me dirijo à professora e a questiono sobre a cultura que, diferentemente do que ela acredita, estimula a polêmica e o não ouvir. Sobre esse assunto, Lúcia me indica mais um livro e diz desejar muito que eu o leia, pois é o livro mais lindo que já lera: o épico *O Ramayana*, clássico de Valmiki, com tradução de William Buck. Ela explica o porquê: Rama, personagem principal da epopeia, retratado como o maior príncipe da Terra, dizia: "A grande sabedoria do homem é não dizer nenhuma palavra a mais nem a menos do que cada um pode ouvir no momento em que cada um pode ouvir".

Essa é a sabedoria, Lúcia me explica, de ter a calma de plantar sementes de maneira que o bom entendedor possa ser a terra para germinar as ideias. Mas não devemos nos envolver em discussões passionais; quando entramos no modo passional, paramos de pensar e perdemos tempo. Existe uma gangorra entre as emoções e o pensamento. Se estamos muito envolvidos passionalmente, o pensamento é zero: não queremos enxergar, queremos apenas provar nosso ponto de vista. Por outro lado, quando a razão está lúcida, as emoções estão serenas.

Quando alguém deseja nos manipular, busca gerar algum tipo de clímax emocional em nós. Pode ser algo cultivado por dias ou meses, não necessariamente algo que acontece em apenas uma cena. Faça este resgate na memória: Quais foram as últimas vezes que você perdeu a cabeça numa discussão? Tente voltar algumas casas para chegar ao ponto em que sua inquietação emocional começou e culminou depois de algum tempo em uma discussão, com uma palavra dita de forma reativa por você. Entender o caminho da reatividade, por mais dolorido ou incômodo que seja, é fundamental para entender os mecanismos de resposta. A intenção é fugir da resposta imediata quando o calo aperta ou a provocação chega. A intenção é buscar o autocontrole por meio do caminho do sábio.

Lúcia Helena se lembra da época em que estudava lógica com o professor Nelson Gonçalves Dias, doutor em filosofia pela Ludwig-Maximilians-Universität München e pós-graduado pela Universidade de São Paulo com especialização em lógica. Ele costumava dizer: "Quem mente bem não mente sempre. Mistura generosas doses de verdade com mentiras estrategicamente colocadas".

Lúcia complementa e me explica que, num primeiro momento, a pessoa organiza seu discurso com dados verificáveis, o que mostra seriedade. Depois que um pouco da confiança do outro foi conquistado, coloca um pouco de humor para que se quebre mais da resistência. Num momento seguinte, pode-se inserir algum fato mais emocional – alguma dor ou algum trauma –, e com a confiança já ganha é que a pessoa faz a pequena distorção da verdade no discurso, pode ser algo ínfimo, pequeno, mas ali já está formado o campo para o plantio da mentira ou da manipulação.

E como encontrar a verdade?

"A primeira recomendação que eu dou é saber que não se é dono de nenhuma verdade." Lúcia já começa dessa forma sua resposta e diz que essa é uma lição que deveria ser dada no jardim da infância, quando nossa intenção é o exercício da consciência. A segunda recomendação é: "Tenha perpétuo ânimo de aprender", porque toda a vida é pedagógica. A partir do momento que não houver nada para nos ensinar, qual seria a finalidade da vida?

Para explicar melhor esse assunto, Lúcia usa a imagem de tétrade, de Pitágoras – uma representação na forma de triângulo composto por outros triângulos perfeitos. Imagine duas crianças na base de um dos triângulos brigando por um ursinho de pelúcia. O pai de uma delas aparece na ponta superior desse triângulo pedindo para que elas parem de brigar, ensinando-as como devem aprender a dividir, a conversar, a dialogar e a se entender. Esse pai neutraliza o conflito porque ele já superou a fase de desejar um ursinho. Ele já está em outro estágio. Esse pai é a verdade nesse contexto específico. Porém, logo depois aparece o pai da segunda criança e diz: "Você estava dando ordens para meu filho? Quando lhe dei o direito de mandar no meu filho?". Surge, então, uma nova base de um triângulo, uma nova dualidade, com cada pai em uma extremidade. Eis que surge um avô nessa conversa, no ponto superior desse novo triângulo, e diz: "Vocês parecem duas crianças! Parem de brigar. Não estão vendo que ambos querem e precisam construir o bem para os meninos?". Esse avô agora representa a verdade e a ponta superior do triângulo para esse novo conflito que se estabeleceu.

Assim, indefinidamente, vamos subindo nos triângulos da vida. Lúcia esclarece que nosso maior desejo deve ser que possamos um dia sair dessa dualidade. "O mundo do espírito é único", ela diz. "O mundo da matéria é dual." A intenção é sempre estar em busca da verdade no determinado patamar de vida em que nos encontramos. Não existe a verdade absoluta. Mas existe a aproximação de uma verdade nas situações vividas. Isso nos permite entender quão preciso é saber escutar. Entretanto, precisa existir uma busca, a qual tem relação com nossa capacidade de buscar entender a realidade. Por isso a vida deve ser esse constante aprender, a vida é pedagógica. Aprender é inevitável se você quiser estar de verdade vivo.

...

Não existe a verdade absoluta. Mas existe a aproximação de uma verdade nas situações vividas. Isso nos permite entender quão preciso é saber escutar. Entretanto precisa existir uma busca, a qual tem relação com nossa capacidade de buscar entender a realidade. Por isso a vida deve ser esse constante aprender, a vida é pedagógica. Aprender é inevitável se você quiser estar de verdade vivo.

Ouça.

Depois de já estar inundada de sabedoria e conhecimento, ainda pergunto à professora quais livros mais ela me indicaria para esse mergulho em busca da escuta cristalina do outro e de mim mesma. Ela prontamente reforça que o livro *A arte de viver*, de Epíteto, deve virar meu livro de cabeceira. É o tipo de livro que abrimos aleatoriamente e todo ele é pedagógico. Outro autor moderno que a professora admira é Steven Pressfield, autor do livro *Como superar seus limites internos*, da coleção "A guerra da arte". Livro simples, mas que chega a um nível muito profundo da filosofia, jogando luz sobre a nossa existência e nossa capacidade de viver.

Meditações, de Marco Aurélio, é mais um clássico que devemos ler. Nesse livro, o imperador romano escreve um diário, uma conversa consigo mesmo, palavras registradas sem a intenção de que fossem publicadas em momento algum. Momentos íntimos, escritos entre uma batalha e outra. "É um ser humano falando com seu silêncio, Petria. Uma conversa com sua voz interior. Um livro de uma sinceridade absurda, de um homem se cobrando um nível profundo de integridade e coerência. É preciso acreditar que existem pessoas assim para nos devolver a fé no ser humano." E, assim, Lúcia vai encaminhando nossa conversa para o fim como um espetáculo de luzes e amor. Com o amor que ela tem pelo silêncio e pela existência.

Fico imersa em meu interior, reflito se toda essa procura pela escuta se trata de uma busca por evolução, por eu mesma ser uma pessoa melhor.

"Eu tenho uma frase pronta para você, Petria. A natureza não dá saltos. Tudo é mérito, e o mérito é construído lentamente.

Não chegamos a esse buraco do dia para a noite e não sairemos dele da noite para o dia."

Lúcia conta um último episódio que me ajuda a compor mais repertório para minha pesquisa. Um dia perguntaram para Sócrates por que ele não falava de sua profunda filosofia com os trinta tiranos de Atenas. Sócrates pacientemente explicou que sua mãe era parteira, uma excelente parteira, a propósito. Mesmo ela sendo a melhor parteira de Atenas, ela não seria capaz de fazer uma mulher dar à luz se não estivesse grávida. Da mesma forma é com o conhecimento. Você só pode falar com outra pessoa sobre algo que desperte sua consciência se ela está gestante desse anseio, a pessoa precisa trazer dentro de si uma busca, um desejo de expansão, precisa ter algum nível de angústia que faça com que busque mais respostas na vida.

"A voz do silêncio também é uma pérola", Lúcia arremata com uma última dica. Ela finaliza nosso diálogo, naquela padaria tipicamente paulistana, falando sobre o livro da criadora da teosofia, Helena Blavatsky. Na obra, a autora mostra simbolicamente como você pode despertar e dialogar com seu falador silencioso, a própria essência. Helena fala sobre o egoísmo e a heresia da separatividade, essa sensação de que entre mim e você existe apenas um vazio. Na visão da escritora e das fontes tibetanas que ela bebeu para compor o livro, isso é um absoluto equívoco.

> *É impossível que o seu mal não me prejudique; é impossível que o seu bem não me beneficie. Todo aquele que cai leva um pouco de nós nessa queda. Todo aquele que se eleva nos eleva junto com ele. Toda separatividade é uma ilusão e é da noção de*

*separatividade que vem a agressividade, a ideia de
que eu posso tomar algo de você, que eu posso me
dar bem enquanto você se dá mal; todas as formas
de vaidade, crueldade e narcisismo vêm daí.*

Passa um garçom, peço dois cafés. Respiro. Voltamos para a vida depois de um quase transe. Converso com Lúcia sobre amenidades, a respeito do quanto amo trabalhar em rádio. Subimos juntas para a superfície depois de uma intensa imersão. Saio transformada dessa conversa. Posso falar de amenidades. Agradeço pela oportunidade dessa escuta e de tantas outras que ainda virão.

"Não é bastante ter ouvidos para ouvir o que é dito; é preciso também que haja silêncio dentro da alma."

Rubem Alves, "Escutatória"

10.
O silêncio religioso

Nas tradições religiosas, desde o cristianismo, o islamismo, o judaísmo e o budismo até religiões de matrizes africanas e indígenas, o silêncio é muito valorizado.

Minha conversa de agora acontece com um religioso. Teólogo, foi preso duas vezes sob a ditadura militar: em 1964, durante quinze dias e, mais tarde, entre os anos de 1969 e 1973.

Depois de cumprir quatro anos de prisão, teve sua sentença reduzida pelo Supremo Tribunal Federal (STF). É sobre esse momento, entre outros, que quero entender como Frei Betto usou o silêncio a seu favor. Frei Betto é conhecido de longa data. Há tempos que faço entrevistas com ele nos lançamentos de seus livros – ele tem mais de sessenta obras publicadas – ou quando quero uma opinião ou uma visão sobre política e espiritualidade – temas pelos quais sou apaixonada e que entendo como complementares e necessários.

Nunca falamos sobre o silêncio, no entanto.

"O silêncio é muito importante para as religiões porque é tido como o momento de encontro consigo mesmo e com o transcendente. Muitas pessoas temem o silêncio porque temem esse encontro consigo", Frei inicia a conversa sem rodeios. Eu concordo. Ainda mais depois de tantos diálogos que já travei para este livro. Isso não basta, quero entender como tamanho silêncio se processa na vida de uma pessoa. Uma coisa é o silêncio como opção, outra coisa, talvez, é o silêncio imposto pela prisão.

...

"O silêncio é muito importante para as religiões porque é tido como o momento de encontro consigo mesmo e com o transcendente. Muitas pessoas temem o silêncio porque temem o encontro consigo."

Frei Betto

"Há pessoas que moram sozinhas e que não encontram as outras pessoas da família, que ficam tão assustadas que ligam o rádio, a TV, o ventilador, porque não suportam o silêncio; é uma pena, pois o silêncio é profundamente terapêutico", Frei reflete comigo. São Tomás de Aquino costumava dizer que, em seu íntimo, encontrava outro que não era ele, e esse outro é que fundava sua verdadeira identidade.

Quando adentramos a prática católica, Frei Betto me explica que o silêncio é fundamental porque é o que permite desenvolver melhor a prática da oração. Até mesmo cita como exemplo comunidades dedicadas exclusivamente a essa prática, como os monges cartuxos – também conhecida como "Ordem de São Bruno", uma ordem religiosa católica semieremítica de clausura monástica e orientação puramente contemplativa surgida no século XI – ou mesmo os trapistas, aos quais já fizemos referência neste livro com o filósofo Luiz Felipe Pondé. São comunidades não ativas na evangelização, dedicadas ao silêncio e à oração, que vivem reclusas em mosteiros, em suas celas. Muitas vezes plantam suas hortas, se encontram apenas uma ou duas vezes por semana de forma comunitária – na missa aos domingos e em uma refeição às quintas ou segundas-feiras.

O silêncio, para Frei Betto, vai além disso: é o momento de organização interior. Ele é um praticante da meditação, que acredita ser um bem para qualquer pessoa, independentemente de crença religiosa. Em sua visão, o segredo da felicidade é o desapego, algo que combina muito com a filosofia budista. Ele segue explicando que todos nós temos dois tipos de incômodo: dores que podem ser curadas pelos remédios e pela medicina, e o sofrimento, que só é curável pela meditação. A meditação permite o exercício do desapego. Qualquer sofrimento é causado por algum tipo de apego – apego a alguma pessoa, algum lugar, algum bem de consumo. A espiritualidade meditativa budista, que também é visitada por meio de místicos cristãos como Teresa de Ávila e João da Cruz, propõe esse encontro consigo mesmo que pode curar.

...

Todos nós temos dois tipos de incômodo: dores que podem ser curadas pelos remédios e pela medicina, e o sofrimento, que só é curável pela meditação. A meditação permite o exercício do desapego. Qualquer sofrimento é causado por algum tipo de apego – apego a alguma pessoa, algum lugar, algum bem de consumo.

Frei Betto acredita que nos dias de hoje há um desafio a mais: precisamos aprender a exercitar o silêncio digital. Ele se diz horrorizado com pessoas próximas, amigos e amigas, que não conseguem mais dormir bem porque não conseguem desligar o celular, pessoas constantemente ligadas nas redes sociais, de Twitter a Instagram, como se quando desligassem pudessem perder algo de muito importante. "Não vão perder nada de importante. Vivemos anos e gerações que nunca tiveram redes sociais e vivia-se muito melhor do ponto de vista da tranquilidade", lembra Frei Betto.

Faz parte do aprendizado o controle da mente. Faz parte da jornada. Frei Betto também ensina meditação e sempre diz para que o novato nunca comece por meia hora, sempre por dois, três, cinco minutos. Estabelecer o tempo é importante, assim como ter um despertador. "Porque tem dias que essa meia hora passa como se fossem trinta horas. Tem dias em que o tempo passa como se fossem três segundos." Como tantas coisas na vida, Frei me lembra que a meditação nunca é um bem adquirido, ela é cíclica.

Para o Frei, nessa linha, é muito importante não lutarmos contra ruídos exteriores. Em sua vida, uma descoberta foi a de incorporar os ruídos de fora como sinais de Deus na vida do universo. Ele exemplifica que, se está meditando e ouve o som da construção ao lado, é um sinal de que pessoas estão em ação, construindo moradias, o mesmo acontece se escuta o barulho do avião. O segredo é não entrar em atrito com o ruído exterior. Quanto ao ruído interior, Frei Betto acredita que este possa ser domesticado com paciência. E, quando se chega a esse silêncio de dentro, é viciante, não se pode mais viver sem esse momento de meditação.

No evangelho católico, Jesus Cristo frequentemente se afastava de seu grupo, ficava só, orando. Frei Betto diz que desde sempre se identifica muito com essa prática, desde quando entrou para o grupo de jovens católicos. Ali, tinha por hábito se isolar, alguns minutos pela manhã e outros à tarde, para poder orar. Quando entrou para a ordem religiosa dos dominicanos, depois de uma militância política intensa, em 1964, quando largou a faculdade de jornalismo e já havia percorrido o Brasil por duas vezes, sofreu um choque – desde o início, no noviciado, primeiro momento da formação religiosa na ordem, período de muita reclusão. Frei Betto chegou a ter a sensação de que estava perdendo a fé, de que tudo ao redor estava desabando.

Pensou em sair da ordem religiosa, largar o convento e voltar para a vida leiga anterior. Foi quando um diretor espiritual, professor de Bíblia, lhe fez uma provocação: "Se você estivesse caminhando à noite, pela floresta, e a pilha de sua lanterna acabasse, você continuaria andando ou esperaria amanhecer?".

Evidentemente, o bom senso recomendou que Frei Betto esperasse amanhecer e que suas emoções estivessem mais apaziguadas para entender o que se passava dentro e fora dele. Esse professor lhe deu para ler a obra de Teresa de Ávila, o que salvou a vocação religiosa de Betto. Foi Teresa que o ensinou a meditar, foi Teresa que o ensinou a abraçar o silêncio.

Santa Teresa nasceu em Ávila, na Espanha, em 1515. Foi enviada por seu pai a um colégio interno para estudar logo após o falecimento de sua mãe. Aos 21 anos de idade optou, contra a vontade do pai, pela radicalidade de uma vida monástica. Em contato com religiosas do Colégio de Santa Maria da Graça, decidiu entrar para o Carmelo da Encarnação, também em Ávila.

Uma das coisas de que mais tinha receio era ter uma vida de casada, semelhante à das mulheres com as quais convivia, algo que reprovava profundamente. Um ano depois de entrar para o convento, contraiu uma grave doença, e sua família a colocou nas mãos de uma curandeira. Ficou tão debilitada que chegou a ser dada como morta. Ela se curou, porém a doença deixou sequelas por toda a vida. A vida monástica de Teresa não seguia a linha da clausura, por isso ela decidiu sair da casa de mais de cem monjas para espalhar pelo território espanhol pequenos mosteiros. Ela é responsável por uma verdadeira revolução espiritual feminina em plena Idade Média, revolução essa que ecoa até os dias de hoje.

Para a especialista Giselle Gómez, psicóloga e integrante da Companhia de Santa Teresa de Jesus, em entrevista à *Revista do Instituto Humanitas Unisinos*, em dezembro de 2014:

> *Teresa exortou suas companheiras a acreditarem em suas próprias capacidades de reza e acesso a Deus. Ela foi capaz de ouvir a si mesma, de aprender a confrontar-se com aquilo que supõe a mudança e de ir construindo outra maneira de ser mulher, até chegar a sustentar afirmações com relação ao papel das mulheres que, por serem consideradas inadequadas, foram censuradas em vários de seus escritos. Quando a consciência de uma mulher renasce, como aconteceu com Teresa, influencia as pessoas que a cercam, gera uma ação coletiva, uma onda expansiva que brota de uma fonte interior, de um centro espiritual que recria a vida.*[10]

• • •

[10] ANDREATTA, Cleusa Maria et al. Vozes que desafiam. Teresa de Ávila, a feminilidade da mística transgressora. *Revista do Instituto Humanitas Unisinos*, 30 ago. 2019. Disponível em: https://www.ihu.unisinos.br/?id=591974. Acesso em: 23 out. 2022.

Essa mulher inspira homens e mulheres a um mergulho profundo no místico e no silêncio, como aconteceu com Frei Betto.

Há momentos de meditação que são um absoluto deleite para Betto. Ele se lembra de outra passagem bíblica em que Pedro, Tiago e João tinham subido com Jesus no Monte Horebe para orar. Um momento tão sublime que Pedro propôs que construíssem tendas e ficassem por ali. Jesus o repreende e diz que subiram para orar, mas o trabalho realmente importante era embaixo, na cidade, na vida "real". Frei também se lembra de uma parábola budista: um monge pediu ao mestre para ensiná-lo a ter contato com Deus. Ele disse para seu mestre que subiria a montanha para ficar sozinho. O mestre disse para que ele fizesse isso, mas por três anos. Três anos depois, o mestre foi visitá-lo e perguntou se ele já encontrara Deus. O monge respondeu que ainda não encontrara, mas estava quase lá, e pediu para ficar por mais três anos. O mestre lhe permitiu ficar por mais três anos. Completando seis anos de meditação na montanha, o mestre voltou a conversar com o discípulo e perguntou se ele já encontrara Deus. O monge disse que ainda não, mas que sabia que estava muito próximo. O mestre o encarou e disse: "Você procura Deus, mas você procura no local errado. Deus está lá embaixo". Para Frei Betto, essas são alegorias da sabedoria religiosa de que Deus está no outro, no encontro com o outro.

Dentro de uma situação de sofrimento, Frei Betto reflete que o que dói não é o silêncio, mas o isolamento, quando a pessoa não está acostumada a isso. Ele se lembra que "tirou de letra" as prisões solitárias pelas quais passou, pois tinha esse treinamento prévio que a vida monástica lhe trouxera, conforme descreveu em um de seus livros de maior sucesso, *Cartas da prisão*. Ele lembra que, por mais torturantes que pudessem parecer as solitárias, uma das modalidades mais abusivas e cruéis usadas em regimes como a ditadura brasileira, Frei já vinha de uma experiência de viver isolado. Ele me explica que essa relativa paz que sentiu se deve ao fato do treino de que a vida não precisa ter uma utilidade. Se a pessoa está ancorada no fato de que sua vida precisa ter um sentido, precisa ser útil, ou que ela precisa estar fazendo alguma coisa, ela pode enlouquecer passando por uma situação extrema como essa: "O desespero vem da dificuldade do encontro silencioso consigo mesmo".

Tive essa conversa com Frei Betto em novembro de 2021, quando a pandemia de covid-19 já passara de seu momento mais crítico. Frei Betto faz uma ponte entre suas lembranças da prisão na ditadura e a prisão pela qual muitas pessoas sentiram passar durante o isolamento da pandemia. "Vi muitas pessoas desesperadas porque não tinham o hábito de se isolar, de se recolher em casa. Estavam desesperadas porque não poderiam mais conviver fisicamente com parentes e amigos. Volto a dizer: o sofrimento depende do apego que temos em relação a coisas, pessoas e situações. Quando não temos apego, não existe o sofrimento".

Eis aqui a diferença na prática entre se sentir solitário e curtir a solidão, duas coisas completamente diferentes para Betto. De um lado, há pessoas que se sentem muito solitárias, o que gera muita carência, desespero, necessidade de entorpecentes como drogas e bebidas, ou qualquer tipo de dependência, como a TV. Já a solidão é uma virtude, segundo o Frei.

É um encontro que redimensiona muitas coisas, tanto que é muito difícil para pessoas arrogantes e prepotentes curtirem sua solidão. Estas dependem visceralmente do olhar e dos sentidos dos outros como espelho. Geralmente, as pessoas que não suportam a solidão não têm um bom treino com sua autoestima.

Para Frei Betto, adonar-se de sua própria solidão não é um poder em si. Ele reflete comigo que a solidão é uma experiência humana saudável, fértil, nos ajuda num equilíbrio psíquico e espiritual. As pessoas do silêncio, ou pessoas silenciosas, não tendem a ser encaradas como poderosas ou mais especiais. Frei Betto frisa como nossa sociedade tende a valorizar muito mais o que mostramos que somos do que o que somos de verdade.

Ele se lembra de uma passagem interessantíssima ocorrida em 2007 nos Estados Unidos com o violinista Joshua Bell, um dos melhores violinistas do mundo. Ele fora convidado pelo jornal *The Washington Post* a executar de graça no metrô da capital americana o mesmo concerto que fizera dias antes com ingressos que custaram entre cem e quinhentos dólares no Boston Symphony Hall. O experimento do jornal queria testar se a beleza seria capaz de chamar a atenção e a escuta dos passantes num contexto banal e num momento inadequado. "Bell, vestido de calças jeans, camisa de manga comprida e boné, tocou em seu Stradivarius de 1713, avaliado em 3,5 milhões de dólares, para 1.097 pessoas que passaram a poucos metros de distância durante sua apresentação", segundo informações da agência EFE na época. Ao longo dos 43 minutos em que tocou, o violinista arrecadou 32 dólares. Na estação L'Enfant Plaza, fora dos grandes palcos e tendo como única companhia seu violino, Bell só foi reconhecido por uma pessoa, e poucas pararam para ouvi-lo por alguns instantes.[11]

Frei Betto, muito conectado com o que nos dizia palavras atrás a filósofa Lúcia Helena Galvão, reflete comigo que a deseducação artística é tão grande que não valorizamos a arte, valorizamos o artista e sua performance. Como Joshua Bell não estava nos palcos, e sim de calças jeans no metrô, muitos acharam que ele era apenas um músico pedinte. Onde estão conectados nossos ouvidos para ouvir a vida real?

Pergunto para Frei Betto como podemos nos educar e educar nossas crianças para o apuro da escuta desde sempre. Betto me responde trazendo muita inspiração. Ele acredita que precisamos ensinar as crianças desde a tenra infância sobre o valor do sigilo, o dever da confidência. Algo que corrói demasiadamente a nossa subjetividade e nosso espírito é o famoso "diz-que-me-diz", também encontrado no repertório ético judaico como *lashon-hará*: as más línguas. Segundo Frei, é o costume ou a falta de ética de passarmos adiante segredos alheios. Ele relembra o episódio emblemático do desembarque das tropas aliadas na Normandia durante a Segunda Guerra Mundial, o Dia D. Poucos comandantes militares sabiam qual seria a data desse desembarque; um deles era o general francês Charles De Gaulle. Quando perguntado por outro general sobre a data desse desembarque, De Gaulle lhe devolveu a pergunta: "Você é capaz de guardar segredos?". Seu interlocutor respondeu que

⋯

[11] Violinista famoso toca em metrô dos EUA e passa quase despercebido, *Folha de S.Paulo*, 10 abr. 2007. Disponível em: https://www1.folha.uol.com.br/folha/ilustrada/ult90u70123.shtml#:~:text=Violinista%20famoso%20toca%20em%20metr%C3%B4%20dos%20EUA%20e%20passa%20quase%20despercebido,-Publicidade&text=O%20famoso%20violinista%20norte%2Damericano,s%C3%A3o%20insens%C3%ADveis%20ao%20seu%20virtuosismo. Acesso em: 25 out. 2022.

sim, então De Gaulle rebateu: "Eu também sou capaz", e nada mais teria dito.

Por isso, Frei Betto recomenda que precisamos ensinar às crianças o recato. É preciso ensiná-las a não fazer fofoca, não fazer o chamado "leva e traz". É preciso ensiná-las a não falar sobre a vida dos outros com aquele toque de malícia, a evitar comentários com maldade. Com isso, as ajudamos a desenvolver respeito, senso crítico e de ética em relação ao outro.

Na ética da vida religiosa dentro do catolicismo, padres aprendem sobre o segredo da confissão. O que a pessoa falou em confissão jamais pode ser revelado. Frei entende que, na vida religiosa, eles são terapeutas amadores. O irmão de Frei é terapeuta, e ele costuma brincar que a diferença entre os dois é que o irmão marca hora para as consultas e o Frei, não. E, ainda, muitas vezes a pessoa que está no divã passou antes pelo convento. No choque, boa parte das pessoas vão para a religião para desabafar. Por isso, a ética do segredo e a ética do silêncio são fundamentais.

Frei Betto acredita que muitas pessoas vivem felizes sem nunca terem pensado a respeito do silêncio. O silêncio não serve para trazer felicidade nem tem uma motivação religiosa. Porém a felicidade tem duas direções. Uma delas é aquela que a sociedade tenta nos convencer, de que a felicidade é o resultado do somatório de prazeres que temos na vida. Dessa maneira, se eu tiver um cartão de crédito ilimitado, se eu fizer belas viagens ou tiver determinado carro, terei conquistado esse patamar de realização. Sabemos muito bem que a felicidade ancorada apenas nisso tem trazido cada vez mais frustrações e cada vez mais busca de compensações em drogas, anestésicos e entorpecentes.

"A outra direção diz respeito à felicidade que resulta do sentido que imprimimos à vida. É daí que vem a felicidade em que acredito." Ele me explica que quem tem um sentido na vida se sente feliz. E o que é ter esse sentido? É se ouvir e perseguir seus objetivos, ainda que você passe por dificuldades e sofrimentos. Um pequeno exemplo é a prova de vestibular, de um concurso ou a expectativa por um novo desafio no trabalho. Se quero passar, vou ter que me privar de todo outro lado de festas e amizades, e por algum tempo terei que ter a lucidez para fazer e reafirmar aquela escolha. Ouvir dentro de nós qual é nosso real desejo, para onde aponta a escolha da nossa alma, é um exercício importante na construção da felicidade mais absoluta. Essa construção pode implicar perdas, tristezas, abnegação, mas tem como motivador o sentido interno de realização. O silêncio nos ajuda a fortalecer nossas ações em torno das escolhas que tomamos. O silêncio não é imprescindível, mas ajuda muito.

> **...**
>
> O silêncio nos ajuda a fortalecer nossas ações em torno das escolhas que tomamos. O silêncio não é imprescindível, mas ajuda muito.

O alerta que devemos ter é apenas em relação a um silêncio não sadio, um isolamento por si só, um caminho para a depressão. Por isso, para acompanhar o silêncio, pode e deve vir a meditação ou a oração. O silêncio sempre pode ser acompanhado de um sentimento amoroso, que é o sentido na vida, sair de si para o outro. Isso é fundamental no entendimento do religioso.

Em um de seus últimos livros, Frei Betto retratou seus diários da quarentena sobre tantos males e assombros pelos quais as pessoas passaram por precisarem ficar isoladas durante a pandemia de covid-19. Frei sempre teve um bom ouvido para escutar quem recorre a ele em aflição. É uma construção de carinho e confiança, segundo ele. Ter a certeza de que ali é um campo de sigilo e de que ele é uma pessoa confiável faz a diferença na vida de muitas pessoas, incluindo casais que perderam a capacidade de conversar e se escutar e que recorrem a ele em sigilo, com a garantia de que, como bom ouvido terapêutico, nada jamais será revelado de um cônjuge para outro. A escuta é curativa para pessoas e relacionamentos. Uma escuta que requer habilidade e talento. Mas que pode e deve ser treinada por todos nós.

E quando o silêncio não é opção?

As religiões de matrizes africanas sempre me encantaram. Sua estética, sua música, seu poder. Busquei em minha investigação um babalorixá para entender se o silêncio é um valor importante para o candomblé. Rodney William é antropólogo, doutor em ciências sociais pela PUC de São Paulo, escritor, cientista e místico, sacerdote do Ilê Obá Ketu Axé Omi Nlá e pesquisador de religiões de matriz africana – Pai Rodney de Oxóssi, como é chamado carinhosamente por aqueles que frequentam seu terreiro. Eu quis saber como ele entende a dinâmica da fala e do silêncio, vindo de um lugar e de uma cultura que tantas vezes tentou ser silenciada, mas que firme e fortemente não calou sua voz.

Pai Rodney me fala que a gritaria que vivemos hoje é muito simbólica e vem de uma cultura em que é importante falar mais alto, uma cultura de impor o que se pensa, de impor a própria vontade. É cultural. A polarização que vivemos, segundo ele, tem trazido a dificuldade de diálogo. Mas nos mostra o pano de fundo da falta de respeito. É reflexo de uma sociedade egoísta, que só consegue se escutar. "Uma sociedade não consegue avançar sem defender o direito do outro de ser diferente, de viver outras realidades, inclusive de discordar", reflete.

Adentramos o campo mágico. Pergunto como o silêncio é cultivado no candomblé e sou inundada com uma verdadeira aula. "O silêncio para nós é fundamental", Rodney ensina. É um preceito, faz parte das tradições e dos rituais. O silêncio é cultuado na religiosidade afro-brasileira e a Saudação a Obaluaê é um exemplo disso. O orixá que proporciona a cura, pois domina as doenças, é *atotó* [silêncio]. "Quando Obaluaê está entre nós, devemos fazer silêncio. É um sinal de reverência, de respeito. É algo que cultivamos como parte da tradição e dos nossos ritos."

Há momentos em que o silêncio não é só reverência, mas também é obrigatório. "Falar ou manifestar qualquer tipo de som é uma grande transgressão em determinados momentos. Quem rompe esse silêncio comete uma falha muito grande. No candomblé não se tem a noção de pecado, mas existe o *ewó*, que constitui nossos preceitos religiosos." Preceitos esses que determinam, além do silêncio, o jejum por alguns dias em relação a alguns alimentos; preceitos que determinam que não se pode vestir determinadas roupas ou cores também por determinados períodos, e há momentos em que não se pode falar, por exemplo, nos rituais que precedem as festividades de Oxalá. Na cerimônia que se chama "Águas de Oxalá", todos acordam muito cedo, antes do dia raiar, e seguem em procissão para buscar água em uma fonte para que possam ser lavados os assentamentos de Oxalá. Tudo isso deve ser feito em absoluto silêncio.

Outra coisa interessante no candomblé: há uma noção muito clara de quem fala e quem escuta. Geralmente quem fala são os mais velhos, e a maneira como o culto é levado também reflete esse respeito. Quem entoa as cantigas é um encarregado, um babalorixá ou um *ogan*, que vai fazer um solo. Só a voz dessa pessoa deve ser ouvida. Logo depois, toda a comunidade deve responder em uníssono. "Há um momento de calar e escutar e há o momento de responder àquela cantiga. Isso é um método de aprendizado para todos nós. Primeiro se escuta. Depois se reproduz aquilo que foi ouvido", Rodney me explica com detalhes.

O exercício da audição é muito forte para a aprendizagem religiosa, algo que desde sempre os filhos são estimulados a exercitar dentro do terreiro. Respeitar o silêncio no candomblé é poder perceber todos os sons que são emitidos, e cada emissão de um som é a emissão de um ensinamento, de uma tradição que precisa ser respeitada. É preciso o silêncio para se absorver tudo o que está sendo falado e transmitido. "O silêncio é fundamental para o candomblé. O silêncio, para nós, fala. Ele está sempre dizendo alguma coisa, ensinando alguma coisa. O silêncio é, antes de tudo, uma oportunidade de reflexão. Se a meditação para budistas, cristãos ou judeus é uma forma de se buscar alguma proximidade com o sagrado, no candomblé também existe uma forma de meditação, embora não tenha esse nome", Rodney sintetiza.

O grande problema da humanidade, segundo ele, foi termos nos desconectado da magia. Toda religião tem magia, uma mística. No caso das religiões de matriz africana, isso é mais claro que nas outras, isso é declarado, não é escondido ou guardado só nas mãos de grupos mais ortodoxos. Segundo o babalorixá, todos temos um destino para cumprir e um caminho para nos aprimorarmos. É uma crença para o candomblé que, quando saímos desse caminho correto para o cumprimento de nosso destino, por meio das oferendas, podemos voltar a cumprir nossa jornada, o bom caminho. E tudo isso é passado de forma oral.

Assim, a escuta é fundamental para a continuidade da ritualística e de toda a mística religiosa. Aprender a ouvir bem, com clareza e discernimento, é parte fundamental da própria prática religiosa. "Se não houver escuta, não vai haver aprendizado. A grande magia é a natureza; precisamos assim perceber que a natureza emite sons, que a natureza nos diz quais são as mudanças climáticas que podem acontecer."

A natureza demarca o tempo que vivemos. Mas paramos de ouvir a natureza. Rodney enfatiza que a natureza não só emite sons, mas também sinais. A percepção desses sinais depende da nossa capacidade de ouvir e de exercitar os ouvidos. Ele acredita que ninguém consegue apurar a observação e a intuição sem respeitar o silêncio, sem exercitar a escuta. Essa é a forma de se conectar com a natureza. Um caçador, por exemplo, está atento aos sons da floresta e aos sons que ele pode emitir, senão ele passa de caçador a presa. Rodney me conta que "Oxóssi é aquele que, quando entra na mata, faz com os pés o barulho de mil pessoas". A divindade nessa mitologia pode enganar sua presa fazendo com que ela se confunda e acredite que tenha muito mais gente ali, quando na verdade há um homem só. "Oxóssi também é aquele que consegue pisar nas folhas secas sem fazer barulho", ele tem, ao mesmo tempo, a técnica de fazer com que a presa se confunda, e pode caminhar pela mata sem emitir nenhum som. Pai Rodney explica que esse silêncio que ele consegue produzir vai ajudá-lo a perceber os sons que o cercam.

Não só a audição é beneficiada. Esse estado de atenção aguça o olfato, que permite sentir o cheiro de algum animal perigoso; ele percebe os pássaros que estão próximos e, a partir dos sentidos apurados, o caçador vai ter uma noção da realidade mais precisa. Os sentidos aguçados nos tiram da ilusão. Portanto, é de extrema importância, segundo o babalorixá, o respeito ao silêncio, o respeito à natureza, o respeito à magia. "A magia nada mais é do que os ciclos: os ciclos da natureza", Rodney sintetiza.

No fim do outono, as maritacas estão muito presentes onde Rodney William mora, na região da Serra da Cantareira, região oeste da cidade de São Paulo. Um lugar envolto pela natureza. Ele acorda todos os dias com elas. Mas ele sabe que há um momento que o som das maritacas vai sumir. Isso não quer dizer que elas morreram, isso apenas quer dizer que elas migraram e que mudou a estação do ano. O grande ciclo da natureza permite perceber que estamos vivendo um novo período, um novo momento.

Para Rodney, precisamos perceber isso em nosso cotidiano, na nossa sociedade. Precisamos perceber como estamos nos organizando, como a vida está sendo levada nesse tumulto que vivemos nas grandes cidades, em toda essa aglomeração. Sobretudo depois da pandemia, período em que precisamos nos isolar, nos distanciar dos outros, período que pode ter ajudado algumas pessoas a se ouvirem mais. Tanto que as *lives* foram muito difundidas, algumas pessoas passaram a buscar mais conhecimento sobre o que elas não entendiam.

"A audição é muito mais do que ouvir. A audição é perceber. O som tem vibração. Precisamos ir além do que está sendo dito e perceber o que está por trás do que a gente escuta. Qual é a vibração, qual a energia, qual o sinal e o sentido daquilo que a gente está percebendo?", Rodney questiona.

Podemos perceber, também, que a presença do som pode nos ajudar a valorizar o silêncio. Podemos encarar dessa maneira. Nos ritos do candomblé há muitos cantos. Sou apaixonada por esses momentos dos rituais. Rodney explica que há momentos em que toda cantoria para e é possível sentir a frequência cardíaca. A maneira como se usa o som e o silêncio para se colocar em determinadas frequências pode ser um exercício consciente.

Há orixás que se apresentam mais na frequência do silêncio; outros, mais na frequência do som e do estrondo; por exemplo, Xangô, que tem um toque muito acelerado e intenso, que faz o coração acelerar. Já o toque de Oxalá é mais lento, suave e baixo, sonoridade que imita uma caminhada, de um senhor idoso que já viveu muita coisa e não precisa correr. Precisamos saber que esses pares não são opostos, mas complementares. O som e o silêncio não são antagonistas; é uma relação de reciprocidade. Pode ser assim.

Oxalá está muito ligado à ausência de som, ele é representado pelo branco, que seria a ausência de cor e que ao mesmo tempo é a cor que contém e reflete todas as outras. Dessa maneira, conseguimos entender a circularidade, um grande símbolo da tradição do candomblé, que diz respeito a como tudo se conecta e se complementa no universo.

Pergunto para ele qual é a relevância do silêncio internamente, em sua vida pessoal. Ele me diz que sempre exercitou mais a escuta do que a fala ao longo da vida. Um de seus livros se chama *A benção aos mais velhos: poder e senioridade nos terreiros de candomblé*. Rodney me diz que, pensando na prerrogativa da palavra, esta está com os mais velhos. O preceito do silêncio sempre fica com os mais novos. "É o mais velho que vai dar a ordem dentro do candomblé para que o silêncio seja rompido." Até mesmo com a morte, um dia esse silêncio será rompido pela própria vida.

Ele me diz que o silêncio também representa a ausência, a morte, o respeito. É importante que se cumpra nossa relação com o silêncio como o que vai nos encaminhar para a vida de maneira plena. O silêncio nos faz ser completos. É ele que nos permite aprender. Rodney se lembra que, certa vez, ele estava num preceito de Oxalá e conseguiu, no momento em que o silêncio prevalecia, olhar para o dia que clareava e ver aquela faixa branca que se forma entre a noite que se despede e o dia que está a raiar. "Isso é o ciclo da vida para mim", ele se emociona.

Sua defesa de tese de doutorado aconteceu numa sexta-feira, dia de Oxalá. Ele estava de branco, uma forma de reafirmar seu pertencimento. Todos que estavam no auditório também estavam de branco. Aquele se tornou um momento político: pessoas do candomblé que tantas vezes foram silenciadas dentro do universo acadêmico puderam estar na universidade vendo uma tese sobre o candomblé.

Rodney passou por um episódio emblemático nesse dia. Seu próprio orientador de tese o tratou de forma a desestabilizá-lo. Sua primeira reação foi a de querer dar um grito e causar um furor. Porém a sabedoria ancestral adquirida entrou em ação. "Fui provocado, mas me lembrei, com a sabedoria dos mais velhos, que às vezes o silêncio fala muito mais do que qualquer palavra diria. O silêncio foi uma resposta melhor do que qualquer palavra conseguiria ser." Essa decisão de se calar foi fundamental para que ele pudesse conduzir da melhor forma sua própria defesa de tese naquele dia. Ele teve o domínio da situação e virou o jogo. Tudo isso devido a um lugar interno de autocontrole e consciência da situação. "O silêncio é um sinal de sabedoria", ele conclui.

Precisamos voltar a exercitar a escuta. Rodney é enfático: as pessoas precisam voltar a dialogar, as culturas precisam praticar a troca, precisam se respeitar. Uma cultura não deve se sobrepor a outra, tentar calar a outra. Uma ideologia não pode calar a outra. Ninguém, numa relação individual, pode ou deve se achar superior ao outro. Todos somos diferentes, mas somos iguais em relação aos direitos que temos numa sociedade. Portanto, temos direito de acreditar na religião, temos direito a nossas ideologias ou escolhas políticas. Temos obrigação de respeitar o outro. Isso é escuta.

Escuta é respeito.

> ...
>
> Escuta é respeito.

"Até os seres humanos são capazes de encontrar o silêncio, se conseguirem esquecer o silêncio que buscam."

John Gray, *O silêncio dos animais*

11.
O paradoxo do silêncio

"Eu acolho com muito carinho o que as pessoas me dão, mas, em essência, eu sou esse cara que volta sozinho para o hotel, que engoma e passa a própria roupa, com meu ferrinho bivolt que me acompanha em todas as viagens. Depois de tantas palestras, o que eu mais preciso é voltar para o hotel, eu amo ficar só. Eu lido bem com o silêncio, eu gosto e necessito dele."

Rossandro Klinjey, psicólogo
clínico, educador e palestrante

O que o silêncio da omissão pode significar em nossa vida? Como entender o momento do silêncio saudável e o silêncio violento, violador? Na vida de meu último entrevistado, os silêncios permeiam o que significa viver: um verdadeiro paradoxo. Nossa arte de viver é transitar por esses paradoxos, trazer a lição dos maus momentos, aplicar e vivenciá-los para os momentos luminosos.

Ver a mãe violentada pelo próprio pai e ter que ficar em silêncio como refúgio e proteção é uma das experiências dramáticas que compõem a vida e a sensibilidade do psicólogo clínico Rossandro Klinjey.

Rossandro é amigo de longa data; nos conectamos na maneira como entendemos que a espiritualidade tem que ser colocada na balança em tempos de tanta racionalidade. Ele, como muitos dos entrevistados deste livro, acabou se tornando um influenciador digital, com seus milhões de seguidores, por causa de sua maneira clara, afetuosa e profunda de enxergar os problemas emocionais cotidianos das pessoas. Daí, foi um pulo para virar colunista de Fátima Bernardes na TV, analisando questões cotidianas e desafiadoras quando o assunto é relacionamentos.

Começo perguntando para Rossandro sobre a importância do silêncio achando que ele começaria com lindas reflexões filosóficas, mas o que ele me traz é a pura realidade. A arte da entrevista ou a arte de escutar para uma entrevista é estar sempre aberto para o assombro e para o espanto. Sempre quando escuto uma resposta que eu não esperava é como se eu recebesse um peteleco na alma, um chamamento para a presença, um convite para um mergulho na minha própria atenção.

...

A arte da entrevista ou a arte de escutar para uma entrevista é estar sempre aberto para o assombro e para o espanto.

Rossandro inicia nossa conversa viajando para sua própria infância. Com um pai alcoólatra, muito violento, fugir e se esconder era a maneira de buscar silêncio para meu querido entrevistado. Num primeiro momento, o silêncio significava escapar do conflito. Um conflito entre duas pessoas que ele amava muito e que, sendo muito pequeno, ele não era capaz de entender o que estava acontecendo. Rossandro buscava naquela época um silêncio que significasse abrigo, mas um abrigo doído, pois ele não podia trazer com ele sua mãe, que ficava e sofria.

Depois de uma briga, do conflito, de pratos quebrados, o silêncio também representava o fim da briga, o fim da violência, pelo menos por aquele dia. E, no dia seguinte, um novo silêncio, o silêncio constrangedor. De um homem que acordava com vergonha por mais uma vez ter perdido a cabeça, por ter concedido ao vício do alcoolismo e à violência sua própria voz que foi silenciada na infância e que ele não aprendeu a digerir como emoção. O silêncio de um homem que não sabia pedir perdão, mas que olhava para a família cabisbaixo, pois sabia que tinha machucado alguém que amava; não somente a mulher, mas também os filhos que viam toda aquela cena.

O silêncio da mãe, silêncio de uma mulher que sabia que não podia ir embora imediatamente, não tinha dinheiro, não tinha recursos e não tinha apoio familiar nenhum, pois muitas mulheres da família passaram e passavam pela mesma situação. Silêncio dessa mulher que, ao tomar uma atitude e decidir ir embora, sem apoio algum, pensou em desistir e tentou silenciar a si própria. Uma mulher que foi salva por uma freira, que conseguiu fazer uma lavagem estomacal a tempo de o pior não acontecer.

O paradoxo do silêncio era completamente vivenciado ali. O silêncio daqueles que nada fazem para proteger mulheres que são vítimas da violência. Silêncio covarde. Silêncio ensurdecedor. Pessoas caladas que ouviam, dia a dia, qual mulher seria violentada na rua. A realidade do Brasil, que alguns teimam em não enxergar. Por outro lado, um silêncio quase solidário de outras mulheres que podiam imaginar o sofrimento da outra, mas aliviadas por, naquele dia, não serem elas as vítimas. "Em briga de marido e mulher, ninguém mete a colher", ditado comum de ouvir no cotidiano.

O silêncio da infância de Rossandro foi esse. Por incrível que possa parecer, ele não ouve a voz desse passado com mágoa ou acusação. Em vez disso, ele criou um espaço de escuta interno que permitiu o entendimento do que esse passado representou; ele não olha para o passado com lamento. Ele entende o passado como o campo de dor que o ensinou a vivenciar muitas coisas que hoje usa como ferramenta para a cura do outro. Rossandro se emociona ao contar essa história. Mas usa sua voz para trazer consciência e luz para o comportamento de outras pessoas. Ele entende perfeitamente a voz do pai, que foi calada lá atrás gerando tanta violência interna; Rossandro entende perfeitamente os processos que o tornaram o Rossandro de hoje, ele olha para sua história como "a oficina que forjou sua alma".

Hoje, ele usa o silêncio como um espaço de "refazimento de identidade", como me diz. Pessoa pública, com muitos seguidores, realizando muitas palestras e encontros em todo o Brasil, não demora a acontecer a idolatria, a idealização daquela persona que aparece em público dando tantos conselhos. Para não virar de fato o que as pessoas querem ou projetam nele, o silêncio é o lugar em que ele recupera sua essência de ser humano comum, de esposo cuidadoso, de gente; é a ferramenta que o ajuda a não viajar na fantasia do que é ser celebrado.

Certo dia, ele voltou para casa depois de uma viagem e acordou sem querer às quatro da manhã. Não quis acender a luz para não acordar a esposa, decidiu ir para a sala ler um livro. Ele, que mora em frente a uma avenida muito movimentada durante o dia, sentou-se e quis apenas contemplar e sentir o silêncio da madrugada. Essa experiência pode ser muito benéfica e transformadora, ouvir o dia amanhecer. "O silêncio evita a cacofonia do mundo, mas a gente precisa buscar, porque o mundo não nos oferece mais isso com facilidade", ele recorda.

Durante a pandemia, Rossandro também lançou um livro, *O tempo do autoencontro*, em que fala sobre a experiência de estar no deserto. Para ele, o deserto tem relação com nossa conversa, esse lugar ambivalente de um silêncio externo imenso sobre as coisas do mundo e sobre tudo o que o mundo nos oferece para nos impressionar; por outro lado, um lugar que nos dá espaço para o aparecimento do grande barulho interno, o barulho da mente e da consciência, esse barulho que nos é negado no cotidiano, uma voz que quer nos dizer que podemos mais, que somos mais. Só num silêncio muito grande é que conseguimos de fato essa conexão com o sagrado que há em nós, segundo ele.

Lembrando um pouco da conversa que tive com Frei Betto, e da experiência dele na prisão, Rossandro Klinjey me fala sobre a dicotomia entre o silêncio que escolhemos e o silêncio que nos é imposto. Quando é um "cala a boca", o silêncio nem sempre vem no melhor momento para nosso entendimento; pode ser com uma morte, em que nunca mais vamos ouvir aquela voz, uma voz que nos abençoou a vida inteira e nos ajudou a sermos quem somos hoje, por exemplo. Choramos muito, doemos muito nesse luto. Quando silenciamos essa dor, podemos perceber que as tantas bênçãos que não vamos mais ouvir não são maiores do que as bênçãos que ouvimos até ali. "É no silêncio do choro que vem a memória que agiganta nossas experiências", Rossandro se emociona.

Não posso deixar de tratar com ele sobre o silêncio e a escuta que aprimora nossos relacionamentos. Rossandro é craque em ajudar as pessoas olharem para si mesmas e para a relação que travam com as outras. "É impossível ouvir sem silenciar", ele já me responde assim quando pergunto sobre casais.

Quando fala sobre silenciar, ele não se refere apenas à fala, mas à mente que já fica completamente reativa quando o cônjuge fala alguma coisa que desagrada. São egos que entram num campo de competição, querem contra-argumentar enquanto o outro fala, a confusão está armada quando não se tem esse respiro. Sem um silêncio autêntico e profundo, nunca poderemos nos conectar ao outro.

Mas, se uma pessoa nunca se conectar a si mesma em silêncio, vai conseguir se conectar com o outro?

Rossandro acha muito difícil. Segundo ele, vivemos milhares de monólogos entre casais. "Monólogos em que muito se fala, às vezes se grita, mas ninguém se escuta." Acontece que as crianças acabam vendo isso como um padrão familiar, e certamente vão repetir isso na vida adulta, já que somos craques em aprender pelo exemplo. Crianças que provavelmente também não são escutadas, pois a prática de escuta não é algo valorizado nos nossos dias. "Olhamos para uma geração que, por não ser escutada, está crescendo fragilizada. É uma geração que se corta e se mata porque é um último grito."

Fico muito impactada com essa reflexão de Rossandro. Complementa o que conversei com Leo Fraiman, e Rossandro dá um passo além: o silêncio é uma ferramenta fundamental para o alinhamento da mente com o espírito, do coração com a visão que temos do mundo.

Essa reflexão me pega de jeito, pois nas últimas férias escolares eu mesma me prometi que ia ensinar minha filha mais velha a aprender a ficar no silêncio e no ócio. Essas crianças, com tantos estímulos, não suportam o tédio. E ainda que meus filhos não tenham acesso e não usem tablets nem redes sociais, faz parte do DNA dessa geração a agitação da mente e a dificuldade de estar com seu silêncio interior. Eu não tenho dúvida de que as crianças que desenvolverem cedo essa habilidade do silêncio terão uma grande vantagem sobre as outras do ponto de vista de maturidade e de entendimento do mundo.

Rossandro me explica que o silêncio assusta tanta gente porque ele nos apresenta para um de nossos maiores vícios, que é a fuga de nós mesmos. Esse é um vício maior que séries, maior que pornografia, maior que comida e drogas. Para fugir de nós mesmos, precisamos fazer um barulho tremendo, e usamos dezenas de muletas para isso. Já no silêncio, não temos escapatória.

Em nossa sociedade, em que as pessoas não compreendem a si mesmas, vivem a repetir padrões de comportamento; não se escutam nas relações, não se escutam como família. Ironicamente, é a sociedade que mais tem bens de consumo e liberdade, porém historicamente uma das mais infelizes, depressivas e suicidas. "O silêncio é curativo, ele é profilático. Mas, quando ele não acontece, nosso corpo vai falar!"

Como o corpo fala? Com gastrites, úlceras, diversas doenças que hoje são conhecidas e estudadas pela psicossomática. Não tem como escapar. "É quando o corpo resolve falar aquilo que eu mesmo não quero falar; porque eu não quero me escutar."

E como fazemos? Como podemos administrar nossa consciência para não adoecer?

É preciso fazer um trabalho intenso de observação, um trabalho sincero de investigação interna, sem querer culpados. Por diversas vezes, ele já atendeu pessoas em consultório que chegavam com ódio profundo dos pais, mas sem admitir isso para si próprias, pois não é "correto" odiar os pais. Porém Rossandro me explica que somente quando admitimos esse ódio é que o perdão pode surgir. Esconder de nós mesmos nossos sentimentos nunca é a melhor saída. Muitos inventam uma série de barulhos externos para não entrar nesse silêncio que vai mostrar os sentimentos incômodos. No fundo, muitos odeiam e não perdoam porque não encaram os próprios sentimentos.

Freud, ao longo do período que desenvolveu a psicanálise, também identificou o sentimento de transferência, em que o paciente fantasia ou acaba até mesmo se apaixonando pelo terapeuta: "Tamanho é o poder sedutor da escuta, Petria. Num mundo em que ninguém quer escutar ninguém, aquele que escuta ganha muito de você", Rossandro analisa. O profissional treinado técnica e eticamente se prepara para entender que esse estado de paixão não é uma busca pelo terapeuta como objeto de desejo, mas com o desejo de ter aquele ouvido que compreende e que acolhe.

Muitas vezes o terapeuta em sua vida particular nem tem toda essa disponibilidade de escuta. Mas dentro do consultório, pelo treino e pelo ofício, coloca em prática essa escuta treinada, que tem objetivo de desenvolvimento do ser, com o foco maior de deixar que o indivíduo consiga se escutar. Quando falamos e quando nos escutamos, temos a oportunidade de dar nome a dores que nunca foram nomeadas. Rossandro me relata casos de que bastou uma sessão para que a pessoa desabafasse e nunca mais voltasse, tamanha catarse de seu processo próprio de escuta.

Quantas vezes um suicídio pode ser evitado por uma escuta? É num momento de absoluto desespero que a pessoa comete o ato. Se ela tem a possibilidade de fala e escuta, algum resquício de senso crítico que ainda resta pode emergir e fazer com que o indivíduo desista de cometer um ato definitivo. Rossandro me conta outro fato muito curioso. Muitas vezes, pessoas chegam ao consultório com um relacionamento ruim. Na falta de escuta de si, inconscientemente, algumas pessoas escolhem relacionamentos ruins e se frustram para ter a quem odiar e se esconder daquele ódio em relação aos pais, que não foi admitido ou observado com sinceridade. É mais fácil romper com um namorado ou com uma namorada que tenha características incômodas semelhantes às de meus pais do que romper com nossos parentes, que temos um vínculo maior. Porém enxergar nossos pontos de incômodo não implicam, necessariamente, ruptura.

Em famílias e em pessoas infantilizadas, o diálogo, os pontos negativos de comportamento são insuportáveis de ouvir. A troca é muito difícil. Rossandro insiste que, para uma relação madura acontecer, ela precisa suportar a voz da verdade. O silêncio pode ser traduzido de diversas maneiras numa relação familiar; o não dito também fala muito, às vezes grita.

...

O silêncio pode ser traduzido de diversas maneiras numa relação familiar; o não dito também fala muito, às vezes grita.

Esperar a interpretação do outro para nossos silêncios pode dar trabalho e gerar um desgaste nas relações; há que se encontrar a arte, o caminho do meio, entre o que precisamos expressar e o que devemos calar e apenas ouvir. Esse é um exercício para a vida, pois, quando esperamos a todo tempo sermos interpretados por nosso parceiro, podemos nos frustrar. Podemos, sim, facilitar nossas relações e diminuir os ruídos, sair da preguiça de querermos ser lidos pelo outro. Nosso silêncio deve ser um caminho de conexão com nós mesmos e não de equívocos com o outro.

A ambiguidade do silêncio precisa ser conhecida. Por exemplo, quando presenciamos um comentário desagradável, mas calamos, pois temos consciência do processo e não queremos reagir nem constranger o outro, esse silêncio pode ser muito saudável, ele denota um processo do que em língua inglesa chama-se *awareness*, o estado de estar consciente. Isso pode acontecer, num exemplo cotidiano, quando o pai da esposa faz uma provocação ou fala algo desagradável e o marido fica em silêncio em respeito ao amor que sente pela mulher.

Por outro lado, precisamos estar atentos em qual momento precisamos falar, em que momento podemos ou precisamos defender o outro, e não calar. Em outro momento, que pode ser de indecisão, podemos não saber o que dizer e silenciamos, mas somos um ombro amigo, um ombro parceiro, somos o próprio silêncio que abraça.

"O silêncio de quem tem boa autoestima é diferente daquele de quem tem baixa autoestima", Rossandro explica. Quem tem baixa autoestima silencia porque se permite ser invadido, quem tem uma autoestima saudável silencia pela grandeza de entender a pequenez do outro naquele momento. Precisamos estar nesse lugar de atenção ou consciência para darmos a dimensão diferente ao silêncio em determinadas situações.

Isso quer dizer que não podemos errar? De forma alguma, a vida é treino, a vida é acertar e errar para aprender. Mas ter esse desejo em mente, ter essa disposição para prestar atenção torna o treino da vida até mais gostoso.

A escuta em si não é uma inteligência, como já vimos nos capítulos anteriores. Mas, para Rossandro, a busca pelo silêncio é uma inteligência, pois os espaços entre os barulhos nos fortalecem, consolidam aprendizados e memórias. Existem espaços e momentos que precisam ser respeitados, percebidos, para que o novo realmente apareça. O silêncio permeia as experiências, não devemos fugir dele; por exemplo, quando terminamos um relacionamento e corremos logo atrás de outro, sem vivenciar o luto pelo fim da relação anterior. "Perdemos o caráter pedagógico da dor quando não permitimos que o encontro com o silêncio aconteça como opção inteligente de vida."

Fato é que a capacidade de ouvir é a ferramenta mais poderosa para que os relacionamentos sejam duradouros, na visão de Rossandro Klinjey. Aquela música "e se de dia a gente briga, à noite a gente se ama" é completamente falsa. Muitos casais estão fingindo, substituindo dores que estão sendo caladas por um prazer rápido e efêmero. O próprio terapeuta conheceu dezenas de casais que eram ótimos amantes, mas acabaram se separando, pois o relacionamento não se sustentou apenas com a conexão física. O silêncio, portanto, é uma ferramenta poderosa, já que pode construir o compartilhar entre as pessoas no relacionamento, algo que vem da escuta e o desejo genuíno da troca, na intimidade.

"Quando a gente ouve, a gente ensina o outro a escutar", reflete Rossandro. Ele nos ensina a ser essa pessoa que ensina o outro, sem cobrar dele uma maturidade que ele ainda não tem. Podemos fazer esse treino em nossa vida emocional. Com isso, cria-se a compreensão do que o outro precisa e vira algo que se complementa. Essa é a construção do companheirismo. Nada precisa ser dito, tudo está ali e isso, muitas vezes, é comunicado no silêncio.

Existe uma sabedoria nesse sentido. Escutar sem estar imaginando nada além, sem tentar encaixar o que escutamos em alguma experiência passada, muito menos tentar resolver. No consultório psicológico, isso se chama "escuta flutuante". Podemos transpor isso para nossos relacionamentos, apenas escutar sem supor nem concluir nada. É claro que nosso ego está no jogo também, ele pode estar rugindo, mas tente não interromper o outro. Interromper desvaloriza e desrespeita o que o outro está dizendo. No casamento, ouvir não é a oportunidade para você resolver o problema do outro nem para competir com a outra história.

Rossandro mesmo diz que vem fazendo esse exercício para tudo em sua vida. Sempre quando vem um impulso, é hora de recuar e perceber o que aquilo quer dizer. Seja para responder ou para permanecer no silêncio. Isso, mais do que autocontrole, é uma atitude que promove saúde.

> *"A plenitude do bem-estar não está nas posses nem no poder, mas no amor e na contemplação tranquila do grande mistério da existência. É preciso democratizar o acesso à plenitude da mente incorporada."*
>
> Sidarta Ribeiro, *Sonho manifesto*

12.
Manual de sobrevivência de uma jornalista em busca da escuta

Os últimos meses foram um absoluto mergulho na minha falta de habilidade em escutar, embora eu acreditasse que sabia fazer isso muito bem. Escutar no espaço profissional, nas entrevistas, é algo que tenho treino. Transpor isso para a vida do dia a dia foi, é e será o grande exercício. Me pego querendo reagir nas mais diversas situações. Em casa, numa roda de amigos, num café da manhã, num encontro entre amigas. Treinar minha escuta foi um grande presente dos últimos meses, um grande exercício de presença que levo como uma ferramenta a ser usada para sempre.

Durante minha conversa com a psicanalista Fernanda Hamann, consegui verbalizar algo muito profundo. Procuro escutar porque sei que sou narcisista demais. Ouvindo meus entrevistados, fui percebendo que a escuta era minha própria busca por cura, cura do narcisismo que também encontrei nessa investigação.

> **...**
> Procuro escutar porque sei que sou narcisista demais.

Durante nove anos apresentei na Rádio CBN um programa chamado *Caminhos Alternativos*. Nessa imersão da escuta, percebi há tempos que eu buscava um caminho de mais profundidade, uma alternativa às relações tão superficiais que temos nos dias de hoje, principalmente com as redes digitais. Quando mergulhei na fala de meus entrevistados para este livro, pude perceber o nível de conexão que busco além do narcisismo: busco intimidade, verdade, descoberta.

Não acredito que esse nível de escuta consiga ser alcançado de uma hora para outra, nem em todas as relações. Estou longe de algum êxito final. Mas perceber meu "pequeno eu" se debatendo para responder a algum absurdo, e meu "grande eu" conseguindo refrear minha reatividade, foi muito bonito. Ao mesmo passo que me ver caindo em contradição e não ouvindo o outro, embora frustrante, também tem feito parte do meu caminho de aceitação e consciência de quem eu sou e de minhas limitações.

Já não tenho mais dúvidas de que o exercício da escuta é um exercício da maturidade. Ainda me pergunto se eu conseguiria sorver a profundidade de tudo isso aos meus 20 anos. Mas sei que meus leitores na casa de seus 20 anos vão vibrar profundamente com o que trago aqui.

Tive uma experiência nesse meio-tempo em que escrevia o livro com um dos grupos de mulheres de que participo. São grupos que tentam resgatar de alguma maneira o sagrado no feminino. São buscas por conexão. Não demorou dois encontros para eu perceber com espanto a dificuldade das pessoas em escutar e de se interessar verdadeiramente pelo outro. Interrupções grosseiras, distração, uma ansiedade tamanha. É isso o que fazemos na vida. Interrompemos o outro a todo o momento, queremos ser bedéis e monopolizadores de uma verdade controlada. Não prestamos atenção à mensagem, olhamos apenas para nosso próprio eu. Onde precisamos nos fortalecer? Precisamos treinar a escuta íntima, a escuta de nós mesmos, mais filosófica e pessoal, que não aceita mais tanta agressão numa comunicação ainda tão grosseira e míope, e que não demora a apontar o dedo para o outro.

Por outro lado, justamente o que mais me surpreendeu nessa jornada dos últimos meses foi genuinamente buscar alcançar algum nível de observação de mim mesma que eu não tinha antes. Mesmo que eu ainda reaja, mesmo que eu ainda não consiga calar plenamente para escutar o outro, consigo me observar melhor agora do que antes. Consigo perceber quando o outro não está entendendo o que estou falando porque ele está dialogando internamente consigo. Dessa maneira, percebo um outro certamente com sua escuta prejudicada. Isso já está me permitindo saber quando eu também estou com a escuta prejudicada. E como no Jogo da Vida, que eu adorava jogar quando criança, volto duas casas e começo tudo outra vez.

Por falar em casa, estou honrando ainda mais meu silêncio. Se antes era algo que eu guardava só para mim, agora passei a ter quase orgulho de me saber uma pessoa que convive em paz com esse silenciar. Passo horas em silêncio com meu marido e sinto ali nossa cumplicidade. O que para muitas pessoas, ou talvez a maioria, seja um tédio, no meu caso é o encontro com o sagrado. Até porque ter filhos pequenos é uma montanha-russa de estímulos e desejo de atender às demandas. Gritaria. A rotina é muito importante para a construção desse silêncio interior, mesmo no frenesi de leva e traz para a escola e outras atividades, mesmo na agitação de uma vida dentro do jornalismo que se confunde com os fatos da minha própria vida. O estabelecimento de uma rotina me permite que a pausa aconteça, que eu me programe para pequenos momentos de liberdade dentro de um dia exaustivo. Isso é conseguir pequenos silêncios restauradores. Para mim, a liberdade mora na rotina.

Muitos entrevistados me falaram sobre atividades físicas que os ajudam a chegar ao silêncio. Não só a corrida, mas também a meditação, a música, o treino da filosofia, o tênis, entre outras. Ao longo da jornada das entrevistas, mergulhei ainda mais na escuta com meu treino de ioga ashtanga, que pratico há quinze anos – uma modalidade bem vigorosa de ioga compilada por Pattabhi Jois, mantida e disseminada hoje pelo neto dele, Sharath Jois, é minha ferramenta física de treino para o alcance de meu silêncio.

Meu atual professor de ioga chama-se Sagar Karahe. Ele é filho de indianos e periodicamente volta à Índia para praticar e se aperfeiçoar com Sharath. A ioga não é um treino para o corpo, é um treino de ética e consciência que se dá por meio do corpo. Sagar tem inúmeras passagens interessantes para contar sobre como é praticar a ioga direto na fonte. Enquanto nós, ocidentais, nos atemos ao barulho da superfície de nossos corpos externos e ficamos histriônicos com as posturas do Cirque du Soleil que podemos vir a conquistar, a ideia desse conhecimento é, lentamente, tomar consciência de si, das várias camadas que temos dentro de nós, das diversas vozes que gritam em nosso interior e das que queremos deixar falar com mais clareza.

É um treino de afinar a voz da alma.

"Eu uso a prática como uma experiência de autoanálise mesmo", Sagar me explica numa conversa durante um cafezinho que tivemos logo depois de uma de nossas práticas. Costumamos ter muitas conversas assim. O termo "prática", usado por algumas pessoas que fazem ioga, me encanta. Não é treino, é prática. Prática da vida.

Sagar segue me contando que a ioga, para ele, é sua ferramenta de autoconhecimento, conhecimento de sua própria história e de seus próprios padrões. Ele me explica que ashtanga é uma ferramenta de treino mental para entrarmos em situações de desconforto (com posturas difíceis) e conseguirmos achar paz nessa experiência. Engana-se quem começa a praticar ioga para tornar a vida feliz. "Muito pelo contrário. A ioga nos ensina a lidar com as adversidades. Ela o ensina a encarar que a vida não é flores e mel sempre. A vida é um vem e vai, e a felicidade vai e vem", Sagar se diverte ao pensar nisso.

A vida continua nos trazendo os desafios e as dificuldades sempre. A ioga nos treina para encontrar essa paz no desconforto da vida; nos leva para um caminho de meditação no cotidiano. Para mim, defino a ioga como treino de escuta da vida. É claro que me ajuda a afinar a escuta, gostar do meu silêncio. Precisamos nos escutar antes de tentar ajudar outras pessoas, precisamos nos conhecer antes de tentar ajudar o mundo a melhorar. Senão, estaremos dirigindo um carro sem mapa com destino aleatório. Na busca pela escuta, o mergulho de uma prática como essa é valiosa. Mas isso demorou a acontecer. É preciso muita persistência no caminho até afinar esse lugar.

...

A vida continua nos trazendo os desafios e as dificuldades sempre. A ioga nos treina para encontrar essa paz no desconforto da vida; nos leva para um caminho de meditação no cotidiano.

Conversei há pouco tempo em meu programa de rádio com o neurocientista brasileiro Sidarta Ribeiro, um dos maiores pensadores do país hoje, e em um trecho de seu mais novo livro, *Sonho manifesto*, ele diz:

> *Aquietar a mente é fundamental, pois quando abrimos os olhos despertamos para um mundo de dor e crueldade que precisa ser transformado. O contentamento pela interiorização e a aceitação da responsabilidade de sonhar e construir o bem comum são a meta nesse bólido voador que serve de hospício para 7,9 bilhões de macacos que sofrem por falta de dinheiro, tempo e amor.*

Os macacos somos nós, precisamos usar nossos melhores sentidos para sairmos daí. A escuta é um desses sentidos norteadores, o silêncio é um condutor do amor.

> ...
> O silêncio é um condutor do amor.

Sagar Karahe complementa que precisamos nos curar e que toda a atividade pode servir como base para esse propósito de autoanálise: corrida, natação, pintura... Nesse sentido, o ashtanga pode nos ajudar, pois é uma atividade dinâmica que tem o exercício de pausas internas também. Apesar de termos a visão de que a ioga é meditação, na verdade, ela ajuda no processo para se entrar na meditação. É um passo anterior. A ioga nos ajuda a purificar e mitigar algumas dores que podem aparecer no momento que nos sentamos para nos concentrar ou para meditar. É preciso estar com o corpo saudável para meditar, nosso corpo físico, nosso corpo mental, nosso corpo emocional e psicológico. A ioga afina todos eles para o momento do silêncio. É um caminho de prazer que requer nossa não desistência.

Não é difícil acontecer de, antes de uma prática de ioga, eu quase chorar de vontade de desistir. Vontade de não estender meu tapetinho. Gritaria interna. Geralmente, quando isso acontece, minhas vozes interiores estão tão dissonantes que ficam pesadas e deixam meu corpo mais denso, literalmente. Quando o peso é tamanho, acabo desistindo de praticar naquele dia. Mas isso tem acontecido com cada vez menos frequência. Saber se ouvir para não se machucar também é outro treino, outro desafio da ioga. Quantas vezes passamos de nosso limite por querermos ser melhores que o outro? Pura surdez. Insensatez. A ioga, por meio de uma tecnologia muito precisa, nos ajuda nessa construção de uma consciência corporal que é consciência da alma; quando você percebe, parou também de competir e querer ter razão em discussões que antes eram inevitáveis. Acredito fortemente que essa mesma experiência seja alcançada com outros tipos de práticas perseverantes que adotamos. Mas com a ioga, como uma atividade que venho há anos desenvolvendo em mim, posso constatar que é possível algum nível de aperfeiçoamento pessoal.

Volto a Sidarta Ribeiro, que, em seu último livro, também comenta:

> *As milenares práticas da ioga na Índia e no Tibete usam exercícios de respiração, alongamento, postura e meditação para aumentar o grau de consciência emocional e corporal, inclusive de órgãos internos. A circularidade da relação entre atividade cerebral e respiração talvez seja vital para os benefícios atribuídos a essas práticas.*

Trata-se de uma prática que envolve tantas possibilidades de escuta, que me pego agora tentando enumerar todas: a primeira escuta, de um professor que você deve confiar, mas sempre questionar sua voz interior – ninguém pode abusar de você, colocá-lo em posturas que você ainda não alcance; a escuta de si mesmo – aonde quero chegar e para quê?; a escuta do meio – o que os grupos de que faço parte querem me dizer? "O professor, quando ensina ioga, precisa ter isso muito claro. Ele precisa deixar seu ego de lado, pois precisa fazer com que o aluno entenda que a prática é o caminho para que ele conquiste as coisas sozinho", Sagar alerta.

Esse exercício vai tomando corpo diariamente, a cada prática, que eu considero uma meditação em movimento. Ao longo destes quinze anos praticando, parando, voltando, mas nunca desistindo, eu percebo que aprimorar essas diversas escutas pode e deve ser um norte almejado por todos nós. Independentemente de ser com a ioga, com a meditação, com a corrida ou com a contemplação da filosofia, existe um estado de bem-estar que não é de uma felicidade burra nem de uma felicidade "modo Instagram", que pode ser alcançado de maneira autônoma e independente. É o acesso a algo sutil, mas humano: a escuta mais delicada que tem a ver com esse lugar. Existe algum grau de disciplina que podemos buscar para chegar lá – também por meio de professores, amigos e da própria família, que nos ajuda a reforçar esse ideal. No meu caso, ainda tive minha profissão de jornalista de rádio que me empurrou para o exercício da escuta e que me foi um álibi para estudar um pouco mais sobre o mistério que é estar vivo e em contato com o outro.

Eu vejo e eu ouço a gritaria. Mas é possível a todos nós um mergulho de aprimoramento em algumas características humanas que vão nos levar a relações mais iluminadas e políticas mais iluministas. Precisamos sair dos polos, precisamos da escuta dos nossos paradoxos, precisamos de treino.

Como antídoto ao narcisismo, como remédio para essa nossa tendência a querermos ser donos da razão, meu professor Sagar diz que "a ioga e a meditação nos ajudam a colocar os pés no chão, nos trazem para uma realidade mais abrangente, nos mostram nossa insignificância e nos ensinam a lidar com isso". Sermos reais é um objetivo que nos permitirá ouvir ainda mais. "Para mim, a ioga me põe na real de quem eu sou, não me deixa explodir com meu ego, sendo que não faltam oportunidades para isso acontecer." Sagar reflete junto comigo. Acredito que sermos reais diz respeito a entendermos mais sobre o passo que precisamos dar como humanidade: para ouvirmos as dores do mundo e respondermos a elas, precisamos trilhar um caminho para nos tornarmos mais sensíveis, mais gente ou *mensch*, numa expressão em iídiche usada por pensadores judeus.

Ser real. Ouvir os sons da vida. Apreciar a beleza, ouvir a poesia. Precisamos de pouco tempo do dia para as práticas mais democráticas; corrida, ioga, chi kung, meditação. Precisamos de educação, disciplina e amor à vida. Afinal, é a única que temos até que nos provem o contrário. O que estamos fazendo do tempo que nos resta? A escolha é nossa.

Passei os últimos meses mergulhada nesse assunto e posso afirmar que as pessoas que encontraram ou que aceitaram o silêncio restaurador são aquelas que têm mais capacidade de examinar quão complexa e paradoxal é a vida. Esses paradoxos tornam-se um tempero de sua vida e não uma pedra no caminho.

Há um bom tempo que eu queria falar sobre isso. Mas concluo agora, depois de tanta escuta, que esse mergulho é essencial para ouvirmos o que a vida está pedindo de nós. Meu convite é apenas um depois dessa longa jornada e de tudo isso que nos foi exposto: escute teu silêncio.

E, quem sabe, me conte como foi.

Mas de tudo isso, faço um último pedido: não acredite em nada do que eu disse por aqui. Experimente.

P.C.

Posfácio – Escutar é verbo auxiliar de amar

.

.

.

Quem escuta se conecta, estabelece contato verdadeiro, insere o outro em lugar de destaque no domínio dos sentidos. É um gesto de amor. Quem não escuta, não ama. E escutar, para além de ouvir, faz toda a diferença.

Certa vez, entrevistei o 14º Dalai Lama, conhecido como Tenzin Gyatso, líder espiritual do Tibete. Nosso encontro aconteceu em meio a uma gravíssima crise diplomática entre os Estados Unidos da América e o Iraque. Durante a entrevista, o Dalai Lama defendeu que deveria haver um encontro reservado entre os líderes dos dois países, sem o tradicional *entourage* de assessores. Um papo reto entre os dois, sem intermediários, e justificou dizendo que a probabilidade de eles se entenderem nessas circunstâncias, livres dos protocolos e do peso do cargo que ocupavam, seria muito maior. Apenas e tão somente porque poderiam se escutar mutuamente.

Não é exagero dizer que a escuta atenciosa pode salvar vidas. E é nisso que se baseia o trabalho do Centro de Valorização da Vida (CVV), instituição filantrópica que presta, desde 1962, um serviço gratuito de apoio emocional e prevenção do suicídio, cujo trabalho acompanho de perto há quase 25 anos.

Tenho testemunhado o que a escuta amorosa e acolhedora é capaz de fazer pelos que procuram esse serviço. Os voluntários desenvolvem a habilidade de se comunicar de maneira plena e sensível, em que até o silêncio é entendido como uma informação relevante.

Manter o sigilo do que foi compartilhado, não julgar o que foi dito e não dizer o que os que procuram o serviço devem fazer são as regras de ouro do atendimento. E é interessante notar como os voluntários se descobrem muito rapidamente como os maiores beneficiados desse serviço. O exercício constante da habilidade de escutar ressignifica a existência e abre caminhos.

Não há solução para a humanidade sem que a escuta seja a regra e não a exceção. As múltiplas crises que experimentamos no planeta – política, econômica, social, ambiental... – têm em comum essa surdez ensaiada que endurece os corações e entristece as almas. Reportar aqui o trabalho do CVV é ratificar a importância desse projeto editorial que chega no momento que mais precisamos.

Que a leitura desta obra inspire novas disposições para o exercício cada vez mais urgente da escuta paciente e amorosa.

André Trigueiro, jornalista e escritor

Agradecimentos

•

•

•

Este livro é um presente. Todo ele. Começo agradecendo à minha querida editora Clarissa Melo e a Cassiano Elek Machado, jornalista que há tempos acompanho e admiro, pelo encontro e pela materialização desta obra que já é parte de mim. Agradeço pela generosidade e pela liberdade de, como jornalista, poder encontrar o tom da narrativa e da narração para esse assunto de extrema importância. Minha vida é uma grande dança de encontros. Eu agradeço intensamente por este em particular.

À Mariana Gomes, assistente de edição, que me ajudou com delicadeza a lapidar os detalhes desta obra.

Agradeço a parceria de meu marido e meu companheiro de vida, jornada, construção e desconstrução, Ariel Kogan. Nossos silêncios e diálogos estão impressos em diversas reflexões por aí.

Agradeço à filósofa Lúcia Helena Galvão, minha primeira e tão inspiradora entrevistada para este livro, capaz de me instigar altas viagens para dentro de mim mesma para observar a beleza de meu silêncio.

Ao filósofo Luiz Felipe Pondé, que sempre pronta e carinhosamente atende meus pedidos de entrevista e me ensina tanto.

À Monja Coen, que acompanho, leio e entrevisto há tantos anos e que sempre me surpreende com sua inteligência e sua sagacidade.

A meu querido amigo Rossandro Klinjey, pela força e pela garra que tem em mudar esse mundo para melhor e levar junto todo mundo ao redor.

Ao psiquiatra Frederico Félix, que, de maneira tão delicada, conseguiu abarcar comigo assuntos considerados tabus e de tamanha relevância para a saúde mental nos dias de hoje.

Ao querido amigo e médico Mohamad Barakat, que, mesmo vivenciando o conturbado e maledicente universo das redes sociais, confiou em mostrar um lado profundo de sua busca pessoal, com seus altos e baixos, com sua humanidade e sua sinceridade.

Ao meu querido amigo Frei Betto, pessoa em quem espelho um profundo carinho e admiração desde a primeira vez que o entrevistei, por volta de 2012.

Ao amigo mais recente, mas muito querido, Leo Fraiman, que tanto me ensina com seu trabalho sobre como posso ser uma pessoa melhor para mim e para o mundo.

Ao Pai Rodney, querido antropólogo Rodney William, que faz um trabalho tão bonito de mostrar a riqueza da cultura e da religiosidade afro-brasileira e que, aqui neste livro, revela ainda mais a beleza e poesia da conexão entre silêncio e espiritualidade.

Ao Elie Horn, pelos livros que me deu de presente para mergulhar a fundo no judaísmo e entender melhor uma das filosofias de vida que escolhi para mim.

À Mariana Gottfried, por ser uma conselheira, muito mais do que uma amiga ou entrevistada. Desses encontros que são um presente da vida.

À Lia Diskin, professora de vida, que há mais de uma década conversa comigo sobre uma nova sociedade. Foi por meio dela que tive o privilégio de estar perto de Dalai Lama, em sua visita ao Brasil.

À psicanalista Fernanda Hamann, que já virou fonte sempre consultada quando quero um olhar sensível e profundo sobre a psicanálise.

À Claudia Feitosa-Santana, neurocientista que, de entrevistada, se tornou colunista do programa de rádio que apresento na CBN, para falarmos sobre consciência no dia a dia, tamanha afinidade que desenvolvemos.

Ao Sagar Karahe, meu querido amigo há muitos anos e atual instrutor de ioga. Pela amizade, pelos aprendizados, pela troca. É nesse tipo de amizade que acredito. Tanta construção e valiosa contribuição para este livro com suas vivências e seu partilhar.

A todos meus entrevistados, muito obrigada pelas chaves que me entregam a cada conversa, chaves que me ajudam a abrir as portas de minha percepção para um mundo mais amplo, complexo, instigante, paradoxal, provocador. Um mundo em que cada vez menos tenho certezas. Um mundo que me serve nesta caminhada em busca de ser mais gente e entender melhor meu papel neste grande universo de histórias.

Editora Planeta
Brasil | **20** ANOS

Acreditamos nos livros

Este livro foi composto em Spectral e
impresso pela Gráfica Santa Marta para a
Editora Planeta do Brasil em março de 2023.